KB219335

갈렙처럼 온전하게

갈렙처럼 온전하게

지은이 | 강정훈
초판 발행 | 2022. 11. 23.
4쇄 | 2023. 2. 21.
등록번호 | 제1988-000080호
등록된 곳 | 서울특별시 용산구 서빙고로65길 38
발행처 | 사단법인 두란노서원
영업부 | 2078-3352 FAX | 080-749-3705
출판부 | 2078-3331

책값은 뒤표지에 있습니다.
ISBN 978-89-531-4357-9 03230

독자의 의견을 기다립니다.
tpress@duranno.com www.duranno.com

두란노서원은 바울 사도가 3차 전도여행 때 에베소에서 성령 받은 제자들을 따로 세워 하나님의 말씀으로 양육하던 장소입니다. 사도행전 19장 8~20절의 정신에 따라 첫째 목회자를 돕는 사역과 평신도를 훈련시키는 사역, 둘째 세계선교(TIM)와 문서선교(단행본·잡지) 사역, 셋째 예수문화 및 경배와 찬양 사역, 그리고 가정·상담 사역 등을 감당하고 있습니다. 1980년 12월 22일에 창립된 두란노서원은 주님 오실 때까지 이 사역들을 계속할 것입니다.

갈렙처럼 온전하게

인생 위기, 믿음을 붙잡고 산다

강정훈 지음

두란노

목차

프롤로그 6

1부 ___ 위기, 기회의 탈을 쓴 불청객

1장 꽃길만 걷는 인생은 당초에 없다 16
2장 함부로 위로하지 마라 28
3장 갈렙 인생, 혈통부터 위기였다 40

2부 ___ 청년 갈렙, 화려한 데뷔

4장 이방 사람 갈렙이 뽑혔다 54
5장 왜곡된 사실은 위험하다 66
6장 진실은 다수결이 아니라 하나님께 있다 78
7장 싸움의 기술은 시각이다 86
8장 말에는 권세가 있다 96

3부 ___ 중년 갈렙, 지독한 2인자의 굴레

9장 무명의 40년을 어떻게 견뎠을까 110
10장 갈렙은 탈락했다 122

11장 탈락했지만 탈선하지 않았다 134

12장 모세는 왜 여호수아를 택했을까 146

13장 진리를 공유한 우정이라 끈끈했다 160

4부 ____ 노년 갈렙, 드디어 피어나는 연륜의 미학

14장 2인자에게도 정도(正道)가 있다 172

15장 노년은 종착역이 아니다 184

16장 갈렙 인생은 늦게 피는 야생화였다 194

17장 죽음에서 은혜를 발견했다 202

5부 ____ 익어 가는 좋은 노년을 위하여

18장 갈렙은 절망하지 않았다 216

19장 갈렙은 온전하게 살았다 226

20장 좋은 죽음 이전에 좋은 삶이었음을 236

에필로그 246

프롤로그

결코 공정할 수 없는 세상에서 갈렙이 입을 연다

늦은 밤에, 갈렙이 나를 불렀다.

"나 좀 꺼내 줘…."

갈렙을 성경에서 꺼내 올 생각은 일찍부터 있었다. 하지만 이번 차례는 아니었다. 나는 요셉, 야곱, 욥, 모세, 갈렙… 순으로 집필 계획을 세우고 있었다. 요셉의 이야기를 담은《신수성가》(생명의말씀사, 2012)와 야곱을 담은《생활거룩》(두란노, 2019), 그리고 욥을 담은《내게 왜 이러세요?》(두란노, 2021)를 마무리하고 모세를 쓰려는데, 바울의 환상에서 손짓한 마게도냐 사람처럼(행 16:9) 갈렙이 '나를 먼저 꺼내 달라' 손짓했다.

고민을 좀 했다. 비중을 보면 누가 보더라도 갈렙보다는 모세가 앞선다. 그만큼 모세의 생애에는 박진감 넘치는 이야깃거리들로 가득 차 있다. 그래도 갈렙이 자꾸 손짓하기에 우는 아이에게 젖 물린다고 먼저 꺼내기로 했다.

갈렙을 먼저 꺼내게 된 데는 시대적인 요청도 있다. 갈렙은 이스라엘 백성은 물론 하나님도 인정하시는, '공정'의 길을 걸었던 사람이다. 불공평한 시류에 흔들리지 않았으며 일시적인 이익을 위해 옳은 쪽을 포기하지도 않았다. 백성들에게 오해를 사는 한이 있어도 하나님 앞에서는 온전함을 지키려 했다. 그러다 보니 몇 차례 위기도 만났다. 어렵게 쌓아 올린 명예와 업적이 하루아침에 무너져 버릴 위기에 처하기도 했다.

어떻게 보면 갈렙의 생애에 위기가 아닌 시절은 없었다. 그는 그니스 혈통으로 이방 민족 출신이었다. 그런 그가 정탐꾼으로 선발된 사건은 오히려 그를 위기의 중심에 세운다. 또 광야 40여 년 동안 별다른 직함도 기록도 없었는데, 이 세월 동안 자칫 무기력해지거나 나태해질 수도 있었다. 노년에 마주하는 헤브론 산지 정복을 앞에 두고 작전 지시나 하며 편하게 늙어 갈 상황도 아니었다. 갈렙의 생애는 곳곳이 위기 상황의 연속이었으나, 그는 항상 옳은 선택을 했다. 그 선택이 갈렙을 힘들게도 했지만, 그는 결과를 의연하게 수용하고 자신에게 주어진 삶을 사랑했다.

공정을 찾아서

갈렙을 쓰려고 마음먹기 직전, 대한민국은 공정을 의심받고 있었다. 정치인들은 아빠 찬스와 지연, 학연 같은 먹이사슬로 공정을 파괴했다. 국가는 '기회는 평등하게, 과정은 공정하게, 결과는 정의롭게'를 약속했지만, MZ세대를 비롯한 젊은이들은 공정이 무너졌다고 울분을 토했다. 그러다 보니 지난 대선에서 후보들은 하나같이 '공정'을 공약으로 들고 나왔다. 그동안 선거 이슈로 그다지 주목받지 못하던 공정 바람이 왜 2022년 대선 가도에 최대

이슈로 휘몰아쳤을까? 앞서 정의를 외치고 평등을 주장했던 세대가 공정을 놓쳤기 때문이라고 젊은이들은 분노의 이유를 댄다.

《트렌드 코리아 2021》(미래의 창, 2020)은 한국 사회에서 공정성에 대한 열망이 커지는 원인을 다음과 같이 분석한다.

> "첫째, 한국 사회의 평등지향성이 높아지며 차별성에 대한 인식이 더욱 커졌기 때문이다. 둘째, 경제적 풍요 속에 성장했지만, 저성장 시대의 좌절감도 동시에 경험하고 있는, 치열한 경쟁이 생활화된 밀레니얼 세대의 특성 때문이다. 셋째, 실시간 쌍방향 커뮤니케이션을 지원하는 정보 통신 기술의 영향력으로 자기 목소리를 충분히 낼 수 있는 페어 플레이어 세대의 효능감이 높아졌기 때문이다."

그런데 과연 우리가 그렇게도 열망하는 공정한 사회는 실현이 가능한가? 인간의 죄성이 남아 있는 한 완벽한 공명정대는 존재할 수 없을 것이다. 시스템을 공정 원리로 만들어 놓아도 인간 심성이 공정하지 못하면 공정은 또 하나의 선거 아젠다(agenda)에 불과하다. 마이크로소프트의 창업주 빌 게이츠(Bill Gates)도 "인생 자체가 불공평한 경쟁이기에 그것에 익숙해지고 받아들이는 것만이 우리가 할 수 있는 유일한 길이다"라며 불공정한 세상을 인정한다.

나는 이 책에서 갈렙을 들어 공정한 세상을 만들자 호소하려는 것이 아니다. 어차피 공명정대하지 못한 세상의 틀에서 실력을 갖추고도 부당하게 기회를 놓치고 뺏기는 사람은 있기 마련이다. 예수님이 계시던 때에도 공정해 보이지 않는 사건들이 있었다. 딸을 살리기 위해 예수님을 초대한 사람은 회당장이었는데, 혈루증 걸린 여인이 중간에 끼어들어 기회를 채 가는 바람에 그의 딸이 죽지 않았나(막 5:25-43). 만약 내가 회당장이었다면 이 상황을 어떻게 받아들이겠는가? 이런 비공정의 때에 어떤 자세로 살아야겠는가? 어떻게 이 순간을 견디겠는가? 내가 공들여 달리던 트랙에서 공정이 무너져 내 것이라 여겼던 메달을 타인에게 빼앗겼을 때, 그 억울한 심정을 어떻게 처리하겠는가? 내 것이었을지 모를 특혜를 다른 누군가가 누리고 있다면, 그때 겪게 될 박탈감을 어떻게 직면하겠는가?

이런 위기 상황은 세상에서도, 교회에서도 얼마든지 만날 수 있는 복병들이다. 초등학교에서 내가 반장이 되리라 입을 모았는데 다른 친구가 피자 파티를 열어 표를 사 버렸고, 나는 친구들의 비웃음을 샀다. 얼마든지 그럴 수 있다고 말할지 모르지만 당한 입장에서는 불공정한 게임이다. 반장이 된 아이가 부잣집이고 우리 집 형편이 어렵다면 그 불공정은 평생 맞서야 할 거대한 사회악으로 두고두고 우리를 괴롭힌다.

이런 시대에 갈렙을 무대로 등장시켜 세상의 공정과 정의가 무너지고 때로는 하나님의 공의조차 나를 비켜 가는 듯한 답답한 상황의 실타래를 풀어 보고 싶었다. 때때로 닥쳐오는 삶의 부당한 상황 앞에 그리스도인으로서 어떻게 견디며 헤쳐 나가야 할지에 대한 해답을 찾아보고 싶었다. 그래서 계획을 조금 수정해 갈렙을 먼저 꺼냈다. 그의 생애, 특히 위기 부분을 심도 있게 다뤄 보고자 한다.

가슴을 진동시키는 책이 되길

갈렙은 생애 곳곳에서 위기를 맞았다. 그 위기의 조각들은 그를 무너뜨릴 것처럼 몰아쳤지만, 오히려 '하나님을 향한 온전함'을 더욱 극대화시켜 주었다. 그런 인생길을 걸어온 갈렙이 이 책에서 독자들을 인도해 갈 것이다. 나는 많은 독자가 이 책을 읽으면서 갈렙을 온전한 길로 이끄신 하나님을 만나 그와 같은 인생길을 걸어가기 바란다. 나 역시 그 뒤를 따라가 보려 한다.

이어령은 인터뷰어 김지수와 열 번의 대화를 나누는 과정에서 "책은 깨워서 흔들어 주는 역할을 해. 머리를 진동시키는 거지"라고 말했다고 한다. 오랜 세월 성경 속에서 살아오던 갈렙을 깨워 밖으로 내보내는 일이 이어령이 말하는 이 책의 역할이라 생각한다. 다만 그는 '머리'를 진동시키지만 이 책은 '가슴'을 진동시켰으면 한다.

그동안 독자들에게 내 책을 읽고 위로를 받았다는 전화와 문자, 편지를 받고 오히려 내가 위로를 받고 힘을 얻었다. 아들의 죽음으로 깊은 상실감에 빠졌다가 《내게 왜 이러세요?》를 읽고 동병상련의 위로를 받았다는 교장 선생님의 편지는 아직도 마음에 남아 있다. 이번 책도 위기에 처해 있는 독자들에게 힘이 되었으면 좋겠다. 이 책은 위기 상황에 놓였을 때 고통을 경감시켜 주는 진통제가 아니라 고통이 오기 전에 미리 맞아 두는 백신과 같다. 코로나에 걸려도 백신 접종자들은 견디기가 조금은 낫다고 하지 않던가.

처음에는 책을 내면서 책잡힐까 봐 주저했었다. 한두 권 내 보니 배짱이 생겼다. 두란노가 든든한 무대가 되어 주어 지금까지 여러 권의 책을 내고 있다. 분에 넘치는 대접에 고마울 따름이다. 아울러 이 책 역시 몇 차례의 위기 상황에서도 항상 옆에 있어 준, 사랑하는 늘빛교회 성도들에게 바친다. 그분들이 내 곁에 없었다면 위기의 풍랑에서 나는 벌써 좌초되고 어디쯤에서 침몰되고 말았을 것이다. 오랜 세월의 고마움을 전한다.

2022년 11월
강정훈

1부 위기, 기회의 탈을 쓴 불청객

1
장

꽃길만 걷는 인생은 당초에 없다

코로나19로 우리는 고통과 위기의 장기전을 감내해야 했다. 이 호흡기질환은 유독 한국 교회에 가혹했다. 지독한 전염성으로 예배가 중단되고, 식사 모임을 할 수 없었기에 오후 예배나 교회 공동체 모임이 멈춰야 했다. 2022년 9월 15일 국민일보 기사에 따르면 최근 2년 동안 사역을 중단한 교회가 4,500개가 넘는다고 한다. 수치상 매일 대략 여섯 개의 교회가 문을 닫거나 폐교 상황에 놓인 셈이다. 교회의 위기이면서 목회자의 위기였다. 작은 교회를 섬기던 신자들은 하루아침에 교회 공동체를 잃어버렸다. 목회를 접는 목사님과 훗날을 기약하지 못한 채 작별을 했다. 신자들은 출석할 교회를 찾아야 했다. 그전에는 그리도 환영받던 새신자가 이제는 신천지 신자로 오해받고 경계의 대상이 되었다. 믿음의 터가 흔들리니 삶의 터도 흔들릴 수밖에 없었다.

누구에게나 위기는 온다

"터가 무너지면 의인이 무엇을 하랴" 시 11:3

다윗은 인생의 터가 무너졌던 자신의 생애를 토로한다. 자기 실수와 죄악 때문에 무너진 것이 아니다. 대적들의 음모와 일명 '가짜 뉴스'로 멀쩡했던 의인의 삶이 위기 상황에 처한 것이다(2절). 이럴 때 아끼던 친구들이 옆에서 "새같이 네 산으로 도망하라"(1절)고 조언한다. 상황이 긴박하고 달리 방법이 없으니 명분이고 뭐고 일단은 도망부터 하고 보라는 것이다. 팔레스타인에는 피신할 만한 안전한 굴이 많았다. 여기서 '산'은 동굴이지만, 심리적 견해로 볼 때 이것은 감정, 자존심, 체면, 권위 따위의 동굴을 말한다.

사울은 블레셋의 공격 앞에서 다급한 나머지 죽은 사무엘의 도움을 얻기 위해 신접한 여인에게 접신을 요청했다(삼상 28:15). 신정국가 통치권자가 할 일이 아니다. 왕의 주변에서 접신을 권한 사람이 누구였을까? 신하들이었을까, 왕비였을까, 왕 자신의 다급한 심정이었을까? 어떻든 사울은 위기를 타개할 번지수를 잘못 찾은 것이다.

사울의 이런 결과는 어제오늘의 상황 때문에 벌어진 일이 아니다. 그의 인생에 반복되는 "부득이하여"(13:12)가 문제였다. 제사장이 아니면서 번제를 주관한 것도 다급한 상황 때문에 '부득이하게' 결정한 것이었고, 놉에 있는 제사장 85명을 죽인 것은(22:18-19) 국가 안보를 위해 '부득이' 결정한 처사라 변명했다. 다윗을 죽이려 쫓아다닌 것도 '부득이한' 권력 체제의 문제였다. 이제는 접신녀에게 '부득이' 피신하여 조언을 구한다. 사울은 위기 상황에서 하나님께 피하는 법을 터득하지 못했다. 그래서 세 아들과 비참한 최후를 맞았다(31:6). 하나님께 피하지 않고 인본주의 방식으로 위기를 극복하려 했던 사람이 보여 주는 비극적 말로이다.

다윗도 사울만큼이나 크게 다급한 상황들이 얼마든지 있었다. 그러나 다윗은 자기 병사들이 돌로 치려는 난처한 상황에서도 "그의 하나님 여호와를 힘입고 용기를 얻었"(30:6)다고 성경은 기록한다. 평소에는 새 시대를 이룩할 주군이라며 떠받들던 병사들도 자기 것을 잃을 상황에 처하자 별 수 없었다. 가족의 안전을 지켜주지 못했다고 책임을 추궁하며 주군을 돌로 치려고 했다. 갈렙과 여호수아에게도 돌을 쳐들었던(민 14:10), 시대만 달랐을 뿐이지 같은 백성들이다. 충신 중에는 이런 불충한 병사들을 퇴출하거나 처단하라 재촉하는 이들이 있었을 것이다(삼상 30:22 참조). 인생의 위기 상황에서 산으로, 인간적인 방식으로 위기를 피하라는 조언은 내 편이 해 주든 저쪽 편이 해 주든, 하나님의 의중과는 정반대의 말들이다. 그러니까 삶이 무너졌을 때 이런저런 조언들을 조심해야 한다. 그들에게는 '내 문제'가 아니기에 조언은 진중하지 못하고 충동적일 수 있다.

다윗은 주변의 조언에 이리저리 재 보지 않고 오직 여호와께로

피한다(시 11:1, 삼상 30:6). 인생이 흔들릴 때마다 여호와께 피하면서 살길을 구했다. 시편에서만 '피난처' '피했다'라는 단어가 37회 나온다. 모두 다윗에게 해당된 '피난처'는 아니겠지만 여러 위경에서도 당장 눈앞에 보이는 숨을 산을 놔두고 여호와께로 피할 수 있었던 것은 세상을 통치하시는 하나님의 절대적 주권에 대한 믿음이 흔들리지 않았기 때문이다. 이런 믿음과 소망이 있었기에 위기에서도 여호와 앞에서 온전한 태도를 유지할 수 있었다.

나 역시 살아오면서 다양하고도 참담한 위기들을 겪기도 하고 보기도 했다. 사업장에 화재가 나서 부도 직전까지 갔던 권사님, 암으로 시한부 판정을 받은 장로님, 유방암으로 양쪽 가슴 절제 수술을 받은 미혼의 젊은 자매, 자궁근종 수술을 받은 여고생, 딸과 손자를 먼저 하늘나라에 보내고 살아도 사는 것 같지 않은 시간을 보내야 했던 권사님까지. 그들은 본인은 물론 가족들의 삶의 터전까지 완전히 무너졌다. 그뿐이랴. 세상에는 지금도 무수히 많은 사람의 삶의 터전이 흔들리고 무너지고 있다. 우리에게는 인생의 잿더미 앞에서 막막한 내일을 살 방법도 없이 한숨짓고 눈물을 흘리는 순간이 온다. 인생의 시글락(삼상 30:3-4)은 누구에게나 있는 법이다.

중국 당나라 백장 회해(懷海)는 "추위가 한 번 뼈에 사무치지 않고서야 어찌 코를 찌르는 매화 향기를 얻을 수 있으리오"라고 삶의 애환을 말한다. 솔로몬도 "여러 해를 살면 … 캄캄한 날들이 많으리니"(전 11:8)라는 탄식으로 인생의 비애를 전한다. 그런 것이다. 꽃길만 걷는 인생은 당초에 없다. 비에도 젖고 바람에도 흔들리고 돌부리에 걸려 크고 작은 위기에 직면하면서, 태풍도 몇 개 얻어맞고 뼈에 사무치는 추위도 겪으면서 사랑은 성숙해지고 인생은 완성도를 높여 간다. 그렇다고 누구나 쉽게 공감할 수 있는 말은 아니다.

삶은 늘 불확실하다

삶이란 예측할 수 없는, 불확실성 그 자체이다. 《트렌드코리아 2021》에 이런 내용이 나온다.

> "현대는 불확실성의 시대다. 내일 당장 무슨 일이 일어날지, 몇 시간 아니 몇 분 후에 무슨 일이 일어날지 알 수 없는 세상이다. 충격적인 사건과 사고가 일상다반사가 되다 보니, 아무 일도 일어나지 않는 날이 오히려 이상하게 느껴질 정도다. 이렇게 불확실성이 커지면서 우리 사회 전체가 예측할 수 없는 상시적 위기에 노출되고 있다."

국가 위기, 금융 위기, 고용 위기, 기후 위기, 식량 위기, 정체성의 위기 등 거창한 위기만 있는 것이 아니다. 삶이 다양해진 만큼 개인의 위기도 다양하다. 건강상의 위기, 경제적인 위기, 인간관계에서의 위기, 사별, 낙방, 실직, 실연, 실업 등 어느 것 하나 무시할 수 없다. 누가 위기에 빠져 전전긍긍하는 타인을 보고 "그 정도를 갖고 뭐 그리 호들갑이냐" 할 수 있는가. 우리에게는 그럴 자격이 없다. 사람마다 위기에서 느끼는 감정의 온도가 다르다. 남들 보기에는 하찮은 미풍으로 보이지만 당사자에게는 생각지도 못한 순간 불어닥친 돌풍일 수도 있다. 정신과 의사 김지용은 "사람마다 고통의 크기는 주관적인 것이기 때문에 남의 고통을 평가절하해서는 안 된다"라고 말한다.

살다 보면, 베스 무어(Beth Moore)의 말처럼, 우리 스스로 뛰어든 웅덩이가 있고 실수로 떨어진 웅덩이가 있으며 누군가에 의해 던져진 웅덩이가 있다. 도무지 답이 없는 궁지에 몰려 막다른 처지 앞에 직면하는 절망적인 상황들이다. 다윗도(시 40:2) 요셉도(창 37:24) 예레미야도(렘 38:7) 이런 웅덩이에 내던져진 시절들이 있었다. 다윗은 웅덩이에 빠져 있는 상황에서 '기가 막혔다'고 토로한다. 기(氣)는 '활동하는 힘' '숨 쉴 때 나오는 기운'을 뜻하는데, 이 '기'가 막혔다는 것은 거반 죽은 상태나 다름이 없다는 뜻과 같다.

우리도 이런 웅덩이에 빠져 억울하고 아프고 많이 힘든 날들을 맞이한다. 그럭저럭 잘 넘어가는 날도 있고 제대로 넘기지 못해 취한 듯 흔들리며 괴로워하는 날도 있다. 그럭저럭 넘어갈 수 있는 정도의 상황이라면 절대적 위기는 아니다. 절대적 위기는 죽느냐 사느냐, 자신을 지켜 내느냐 포기하고 막 사느냐의 기로다. 거친 풍랑에 통제력을 상실한 난파선 같은, 절벽 위에 서 있는 절체절명의 순간이다. 이런 순간들은 다양한 얼굴을 한다. 가장 힘든 위기의 얼굴은 죽음과 함께 겪게 되는 상실과 부재의 고통이다. 죽음과 연결되는 아픔과 슬픔은 고통의 종합세트이기에 나는 잘 견디고 떠난다 해도 남은 자들은 위기를 겪는다. 떠난 자는 위기에서도 떠났지만 떠나보낸 이들은 그날부터 어느 세월 동안 마음을 잡지 못해 위기의 롤러코스터를 타는 것이다.

롤러코스터는 급경사, 급커브, 급회전하는 레일 위를 아주 빠르게 달리기에 정신이 없다. 멀미가 나고 두려움으로 괴성을 지르기도 하지만 안전을 보장한다. 그러기에 돈을 지불하면서 그 위험을 즐기는 것이다. 그러나 인생의 롤러코스터는 안전을 보장해 주지 않는다. 살다 보면 비싼 고통도 치러야 하고 겪고 싶지 않은 일도 겪어야 하는 것이 인생이다.

위기도 때로는 기회가 된다

그렇다면 느닷없이 찾아드는 이런저런 위기에서 우리는 어떻게 처신해야 할까? 어디로 피하고 도망하면 되는 것일까? 그러나 도망가기에 앞서 알아야 할 것이 있다. 위기를 바르게 해석하지 못하거나 제어하지 못하는 것이 더 큰 위기라는 사실을. 미리 대처하고 조금만 관리를 잘했다면 위기 이전으로 회복할 수도 있었는데 타이밍을 놓치고 더 큰 위기의 산속에서 허우적거리고 있지는 않은가.

정신분석의 창시자 프로이트(Sigmund Freud)는, "삶, 우리에게 부과된 이 짐은 지나치게 무거워 감당하기 어렵다. 삶은 우리에게 너무나 많은 고통과 실망, 해결할 수 없는 문제들을 안겨 준다. 그 고통을 견디기 위해 우리는 진통제의 도움을 피할 수 없을 것이다"라고 말한다. 그러나 고통을 겪어 본 사람들은 안다. 고통을 견디게 하는 진통제는 없다. 고통은 처음부터 겪도록 되어 있기에 주어진 분량만큼 감내해야 한다. 다만 그 과정이 누군가에게는 '위기'가 되고 누군가에게는 '기회'가 되는 것이 다를 뿐이다.

위기는 방치하면 안 된다. 위기는 방치의 대상이 아니라 관리의 대상이다. 한 위기는 다른 위기들을 불러오고, 큰 위기가 더 큰 위기를 불러낸다. 이것이 위기가 주는 전염성이자 위험성이다. 그렇지만 이런 위기의 인생도 제대로만 관리하면 소망은 다시 돋아난다. 히로시마에 원자폭탄이 떨어져 잿더미가 되었을 때도 쑥은 돋았다고 하지 않던가. 폐허가 된 곳을 '쑥대밭'이라 부르는 이유가 여기에 있다고 한다. 인생이 박살이 나서 살아 있는 것이라곤 아무것도 찾아볼 수 없는 순간에도 소망의 쑥은 돋아난다. 이른 봄 땅속줄기의 마디에서 생명력이 강한 쑥이 세상 눈치를 보는듯 수줍고 여린 얼굴로 나오는 것처럼 위기도 관리 능력이 제대로 따라 준다면 슬픔이 차지하고 있는 넓은 공간을 좁힐 수는 있을 것이다.

1942년 11월 28일, 미국 역사상 최고이자 최악의 대화재가 보스턴의 유명한 나이트클럽에서 일어났다. 이 일로 492명이 사망하고 130명이 구출되었다. 매사추세츠 병원에서 근무하던 정신과 전문의 에릭 린드맨(Erick Lindman) 박사가 당시 구출된 100명을 심리치료하면서 뜻밖의 사실을 알게 되었다. 설문에 응한 사람 중에 85명이 "고난이 결국 축복이 되었다"라고 답한 것이다. 오히려 그 대화재로 인생을 새롭게 시작했다는 것이다. 어떤 사람은 하나님에게로 돌아왔고, 또 어떤 이들은 부부 관계가 좋아졌으며, 나쁜 습관을 고쳤다는 사람도 있었다.

린드맨 박사는 이 연구 논문에서 '위기 개입'이란 말을 사용했다. 위기 개입이란 '위기에 처한 사람이 예상치 않았던 외상을 당했을 때, 그 사건을 통해 발생한 정서적, 행동적, 인지적 위기 상태를 인식하고 위기 이전 기능에 가깝게 고쳐 가도록 돕는 것'이다. 위기는 때로는 발전을 위한 절호의 기회이므로 누군가 개입해 주면 큰 성과가 있다는 것이다.

인생의 위기는 하나님이 개입하시는 기회이다. 그러기에 하나님께 위기 상황을 맡기는 훈련이 필요하다. 위기에서 하나님을 바라봄으로 감당해 낸다면 그만큼 성장 폭을 넓힐 수 있다. 위기에서 위(危)는 위험을 뜻하고, 기(機)는 기회를 의미한다. 즉 위기란 '위험한 기회'다. 위기를 위태로운 상태로 방치하지만 않는다면 예기치 않은 풍랑으로 돛단배가 오히려 더 속도를 내듯이 고통을 통해 유익을 얻어 낼 수도 있다.

정신과 의사 린다 개스크(Linda Gask)도 《당신의 특별한 우울》(월북, 2020)에서 "사랑하는 사람을 잃은 것은 괴롭기 짝이 없는 일이다. 하지만 그 괴로움은, 지난날의 경험을 돌아보고 우리 삶의 방향을 바꾸는 계기가 되기도 한다"라고 말한다.

> "세상은 고통으로 가득하지만 한편 그것을 이겨내는 일로도 가득 차 있다."

보지도, 듣지도 못했던 헬렌 켈러의 말이다. 그리고 이 말은 갈렙의 인생과 상통한다. 우리는 지금 그 이야기를 시작하려고 한다.

인생의 위기는

하나님이 개입하시는 기회이다.

2 장

함부로 위로하지 마라

여호수아서는 '위기의 남자'로 시작한다. 여호수아서니까 당연히 '여호수아의 위기'를 떠올릴 것이다. 여호수아는 요단강 도하를 앞두고 있다. 그는 지금 대지도자 모세에게서 리더십을 이양 받은 지 얼마 되지 않았다. 백성들에게 아직은 검증받지 못한 리더십이다. 설상가상 가나안의 관문 여리고성이 전면에 버티고 있고, 가나안 전역은 원주민들이 돌부리처럼 박혀 있다. 백성들은 여호수아가 모세의 과업을 잘 이어갈 수 있을지, 가나안에 입성해서 일을 망치는 것은 아닌지 매의 눈으로 지켜보고 있다. 여호수아는 국가의 명운을 책임진 1인 체제의 지도자로서 불안과 두려움이 있었을 것이다. 오죽했으면 하나님이 "강하고 담대하라"(수 1:6, 7, 9) 라는 명령을 세 번이나 연속으로 하셨을까. 여호수아는 위기에 직면하고 있는 것이 분명하다.

그러나 나는 아무리 여호수아서를 읽어 봐도 여호수아의 모습에서 위기를 찾지 못하겠다. 여호수아는 두렵긴 했겠지만 위기 자체에 내몰린 남자는 아니다. 모세의 뒤를 이어 백성들 앞에 지도자로 우뚝 서 있는 여호수아! 그는 위기의 남자가 아니라 소위 '뜨는' 남자, 이제 '잘 나가기 시작하는' 성공한 남자에 더 가깝다.

정복할 세계에 대한 두려움과 함께 총사령관의 신분 앞에 펼쳐지는 무한한 기회에 들떠 있었을 것이다.

대통령 당선인은 취임식 선서를 앞두고 두렵다면 두렵다. 그에게 거는 국민의 기대감에 어깨가 무거울 수가 있다. 국가적, 경제적으로 어려움에 처해 있다면 밤을 설칠 수밖에 없다. 오죽하면 대통령은 당선일 그 하루만 행복하다는 말이 나올까. 그래도 그 두려움이 대통령 당선인이라는 찬사와 영광까지 잠식하지는 않는다. 진짜 위기에 처해 있는 사람은 대통령 선거에서 패배한 후보다.

낙선 후보 입장에서는 인생이 무너져 버린다. 정치 세계는 은메달이 없다. 오직 1등, 금메달만 있을 뿐이다. 2등을 위한 선처를 기대해서도 안 된다. 차기 대통령의 자격을 보장해 주는 것도 아니다. 오직 1등만 대통령으로 기억해 줄 뿐 2등은 곧장 국민의 기억과 관심에서 사라져 버린다. 남는 것은 실패에 대한 책임과 선거 과정에서 생긴 빚뿐이다. 이처럼 1등만 살아남는 세상을 로버트 프랭크(Robert Frank)와 필립 쿡(Phillip Cook)은 '승자 독식 사회'라 부른다. 1등만이 돈, 명예, 관심, 성공, 승진 등 모든 것을 독식한다는 것이다.

2인자의 위기

여호수아서에도 2등이 보인다. 새 지도자로 임명받아 요단강

건너 가나안 너른 지경을 바라보고 있는 여호수아 뒤에 선 사람, 가나안이 아니라 새 지도자의 뒷모습을 물끄러미 바라보는 사람이 있다. 갈렙이다. 모세가 죽은 후 백성들의 관심과 기대는 온통 여호수아밖에 없다. 여호수아! 여호수아! 환호성을 지를 때 뒤에서 남들 따라 박수를 치며 서 있는 갈렙의 모습은 좀 애잔하다.

일이 잘만 풀렸어도 지금 여호수아의 자리에 갈렙이 서 있었을 수도 있다. 만약 그랬다면 여호수아서가 아니라 갈렙서가 기록되었을 것이다. 갈렙서 1장은 이리 시작되었을 것이다.

> "여호와의 종 모세가 죽은 후에 여호와께서 여분네의 아들 갈렙에게 이르시되"

그렇지만 지금 그 자리에는 여호수아가 서 있다. 갈렙은 여호수아 뒤에 2인자, 혹은 동역자라는 이름으로 남겨졌다. 후계자 경쟁에서 뒤쳐진 갈렙의 위기요, 경쟁에서 밀린 오늘날 2등짜리들의 위기이다.

갈렙의 위기는 평생에 걸쳐 잊을 만하면 찾아온다. 청년기에는 정탐꾼으로 선발되어 나갔다가, 중년기에는 지도권을 여호수아에게 내주면서 위기를 맞았다. 노년기에는 유다 지파 동족의 땅을 확보해 주기 위해 노구를 이끌고 출정했다. 젊은 날과 달라서 언제라도 적의 수중에 포로가 되거나 전사할 수도 있었다. 군대의 희생도 나올 수 있다. 그러면 자신은 물론 유다 지파 전체가 책임을 모면할 수 없다. 갈렙은 이처럼 생애를 위기와 함께 살아왔다.

어디 갈렙뿐인가. 우리에게도 위기 상황은 예고 없이 방문한다. 청소년 시기에 위기를 맞으면 탈선하고 학업을 포기하기도 한다. 중년에는 명예퇴직, 우울증 등으로 흔들린다. 노년에도 체력의 한계로부터 오는 위기를 맞는다. 우리 교회에서 가장 많이 헌신하신 아무개 권사님은 조기 치매로 생활에 어려움을 겪어 우리를 안타깝게 했다.

믿음의 위기, 경제적인 위기, 건강의 위기 등 다양한 위기가 있지만, 그에 못지않은 위기가 자리(지위)의 위기이다. 내가 승진해야 할 자리에 남이 치고 들어온다고 상상해 보라. 인생 전체를 통틀어 큰 위기를 경험할 것이다. 실제로 한강의 기적을 일으켰던 과거 이 사회의 주역들은 대한민국이 세계화가 되면서 젊은 세대보다 영어도, 컴퓨터도 능숙하게 하지 못한다는 이유로 자연스레 자리를 양보해야 했다. 회사에서 은퇴했다고 위기가 끝난 것이 아니다. 가족들에게서 받게 될 소외감도 만만찮은 위기였다. 개미처럼 일하며 돈을 버는 데만 급급했지 가정에서 애정을 표현할 줄도 몰랐다. 그러는 사이에 자녀들은 부모를 한물간 구세대를 대하듯 했다. 퇴직을 하고 보니 무용지물 신세가 되었다. 권위

주의적인 사고방식에 갇혀 내 방식만 요구하는 지질이 '꼰대'라는 말에 기분을 망치며 가장의 권위를 스스로 잃어버리고 만다. 중년의 위기가 가장만의 것이었겠는가. 주부들은 가족들 뒷바라지하다 보니 어느새 나이 50을 훌쩍 넘겼다. 폐경과 갱년기를 겪으면서 우울증이 오고 위기를 맞았다.

그리스도인이라고 땅에서 하늘을 사는 것은 아니다. 위기는 예배당에도 있다. 위기 극복을 도와야 할 성소가 오히려 위기의 원인이 된다. 이런 위기를 어떻게 극복할까. 위기관리 능력이 삶의 능력이다. 미국의 2대 대통령 존 애덤스(John Adams)는 위기에 대해 "위험이 없으면 좋은 기회는 없고 좋은 기회가 없으면 성공을 쟁취하기 매우 어렵다"라고 말했다. 이 말은 인생의 위기가 닥쳐왔을 때 위기로 망가지는 사람이 있는가 하면 위기를 기회로 삼아 재도약하는 사람들도 있다는 의미이다. 높은 파도에 익사하는 사람이 있는가 하면, 오히려 그 파도의 높이를 이용해 더 스릴 있고 환상적인 서핑을 즐기는 사람도 있다는 말이다.

소설가 백영옥은 "어른의 시간"(조선일보, 2022. 1. 22.)이라는 글에서 실패의 위기가 어떤 성장과 성숙을 가져오는지에 대해 멋지게 표현했다.

"… 축구 경기에서 골이 터지면 골을 넣고 환호하는 선수의 얼굴이 아니라, 일그러진 상대편 골키퍼의 얼굴이 먼저 보였다. 누군가의 성공보다는 실패에 훨씬 더 마음이 갔다. 소치 동계 올림픽 때 내 마음을 가장 크게 흔들었던 건, '김연아'의 완벽하게 아름다운 점프가 아니라, '아사다 마오'의 트리플악셀 실패였다.

그때, 마오가 엉덩방아 찧는 장면을 여러 번 보았다. 김연아 같은 완벽한 선수를 이길 수 있는 방법이 오로지 트리플악셀을 해내는 것뿐이라, 실패할 걸 알면서도 도전하는 '그 마음'에 대해 생각했다. 스스로를 '태릉선수촌의 유령'이라고 말했던 스케이터 이규혁이 마지막 올림픽에서 메달 획득에 실패하고 은퇴를 선언한 후, 기자에게 했던 말도 기억난다. '안 되려는 걸 하려니까 슬펐어요'라는 가슴 무너지게 아픈 말. '가장 잘하고, 가장 사랑했던 것'에서 우리가 더 많이 상처받고, 성장한다는 걸 인정하는 순간, 우리는 끝내 어른이 되어 간다. 활짝 핀 꽃이 이토록 아름답고 귀한 건, 그 아름다움이 곧 사라지기 때문이라는 걸 아는 사람처럼."

이 글을 위기를 겪어 봐야 극복하는 실력이 생긴다는 말과 같은 맥락으로 해석해 본다. 한 번도 제대로 위기를 겪어 보지 못한 사람은 한 번을 제대로 살아 보지 못한 사람이라고 주장한다면 억지일까.

힘이 없는데 힘을 내라니

실력을 갖추고도 평생 조연이나 2인자로 살아야 했던 갈렙에게는 하루하루가 위기의 순간이었을 것이다. 사실 2등도 좋은 것 아닌가. 2등은 내가 가장 좋아하는 성적이다. 쫓아가지 않아도 되고, 쫓기지 않아도 되는 안전한 행복 지대이기 때문이다.

그러나 실력을 갈고닦고 당당하게 1등으로 살고자 하는 우등생들에게 2등의 삶은 굴욕 그 자체이다. 2등의 위치에 있다는 이유로 스스로를 실패자로 여긴다. 그들의 내면에는 추월하려는 욕망이 끓어오른다. 추월이 불가능할 때는 탈선도 한다. 그렇게 위기의 그물망 안으로 자신을 가두게 되는 것이다.

그렇다면 우리는 갈렙에게 어떤 말을 해줄 수 있을까. "2등의 자리에서도 흔들리지 않고 잘 살았군요" 하고 칭찬하는 것으로 끝낸다면, 그건 갈렙에 대한 예우가 아니다. 갈렙은 생각 없이 박수 쳐주기 보다 치열하게 고민하며 살아왔던 그의 삶에 공감하고 함께 아파해 주기를 바랄 것이다. 조연과 2인자의 자리에 같이 서 주고 토닥거려 주기를 원할 것이다. 타인을 대하는 그런 마음이 우리가 어른이 되어 가는 시간들이다.

우리는 고통의 당사자에게 너무 가볍게 "기운 내세요" "힘내세요"라고 말한다. 좋은 말이지만, 앞뒤가 맞지 않는 응원이다. 기운이 없어 지금 바닥에 내려앉은 사람에게 기운을 내라는 말은 공허하다. 손가락 하나 까딱할 힘조차 없는데 힘을 내라니. 그 말은 불행한 처지에 있는 사람에게 "복 많이 누리세요"라고 하는 인사치레를 넘어서지 못한다. 이럴 때는 차라리 일어날 수 있도록 힘을 더해 줄 영양제가 절실하다. 너무 쉽게 하는 응원은 차라리 아니함만 못하다. 위기 앞에 있는 사람들에게는 응원가조차 조심스레 건네야 한다.

작가 민봄네는 "세상에는 자신을 보호해 줄 벽이 창호지보다 더 얇은 사람들이 많다"고 말한다. 창호지보다 더 얇은 벽으로 지탱하고 있는 약자에게는 힘내라고 말해 주는 사람보다 '힘이 되어 주는 사람'이 필요하다. 김겸섭 목사는 '센 힘'보다 '바른 힘', 타인보다 우월한 위치에 군림하는 '난폭한 힘'이 아니라, 넘어진 자와 쓰러진 자를 다시 일으켜 세워 주는 '살리는 힘'이 필요한 세상이라고 말한다(〈아름다운동행〉, 264호). 이런 힘의 소유자가 하는 "힘내라" "기운 내라"는 말은 나눠 줄 힘이 있기에 제대로 응원이 되는 것이다.

그때는 위로를 못 했지만

위기를 당한 사람들을 만났다. 교통사고로 뒷자리에 태웠던 외동딸은 죽고 자기들만 살았다며 애통해하던 목사님 내외. 그 고통을 이기지 못해 이름도 제대로 알려지지 않는 아프리카의 어느 나라 선교사로 떠났는데 소식을 모르겠다. 위암으로 남편 목사님을 먼저 보내고 세 아들을 혼자 돌봐야 했던 사모님은 본인마저 안암에 걸려 한쪽 눈을 제거해야 한다고 했다. 엄마까지 데려가시면 하나님도 교회도 없다면서 울며 살려 달라 기도하던 세 아들. 이 가족은 지금 어디에서 어찌 살고 있을까. 제법 큰 재봉틀 공장을 운영하다가 화재로 재산을 잃고 일곱 식구와 지하 단칸방에서 살아야 했던 안수집사님은 회복했을까. 강가에서 놀다가 익사한 아들을 일찍 떠나보내야 했던 윤 목사님, 젊은 아내를 보내고 슬픔을 견디어야 했던 김 집사님은 아픔을 이기고 잘 지내고 있을지.

지방에서 목회하던 목사님의 두 아들은 논 웅덩이에 빠져 죽었다. 논 주인은 그 교회 장로님이었다. (유대 율법 표준 법령은 내 소유의 땅에 우물이나 구덩이를 팔 때, 사람이 거기에 떨어지지 않게 그 둘레에 난간을 만들거나 그 위를 덮개로 덮어야 한다고 규정한다. 우리나라에도 그런 규정이 있었다면 어땠을까 안타까운 마음이 크다.) 목사님은 죽은 아들 형제가 눈에 밟혀 교회를 떠났다. 목회지도, 두 아들도 잃었다. 장로와는 소송 싸움을 벌이며 평생 원수가 되었다. 그보다 더한 위기가 있을까. 그분들 모두가 인생의 위기를 넘기고 살아 있기는 할까. 살아도 사는 것이 아닌 것처럼 마음 둘 곳 없이 그리 살고 있는 것은 아닐까.

그때도 나는 목사였지만 너무 어렸다. 그래서 안타까운 상황만 보았지 가슴이 미어지는 고통의 뿌리까지는 보지 못했다. 그들의 아픔을 위로할 수 있을 만큼 철이 들었을 때는 내가 너무 아파서 그 아픔과 슬픔을 볼 여지가 없었다. 나이가 들고 그들의 아픔도 볼 수 있는 어른이 되었을 때는 그들이 당하는 고통의 크기를 너무 알아 버렸기에 감히 위로할 엄두가 안 나 위로다운 위로를 제대로 해 주지 못했다.

내 인생의 도상(途上)에서 만났던 위기의 사람들. 상실의 위기에서 정신 줄을 놓아 버렸던 사람들. 그들에게 그때 못다 했던 말들을 갈렙의 위기를 빌려 이제 해 주고 싶다. 당신들이 그렇게 힘들고 어려웠을 때 힘이 되어 주지 못해 미안하다고. 그리고 이제라도 힘이 될 법할 말을 조금이라도 하고 싶다고.

이경남 편집장은 〈아름다운동행〉(264호) 특집 "힘을 얻다, 내다, 쓰다"에서 말한다.

"우리는 어느 순간 힘이 빠지기도 한다. 바라고 열망하는 일이 잘 되지 않았을 때도, 사랑하는 이에게 어려운 일이 닥쳤을 때도, 힘이 빠진다. 그러나 주저앉을 수는 없다. 허리를 동이고, 무릎을 일으켜 다시 앞으로 나아가야 한다. 그러려면 어떻게 힘을 얻어야 하는지, 누구에게서 얻어야 하는지를 찾아야 한다. 혼자서 해결할 것이 아니라 손을 내밀어 연결되고, 연대해야 한다. 그렇게 얻은 힘을 가지고 힘을 내서 일어난 후 '올바른 방향'으로 힘을 써야 한다."

갈렙이 당한 위기들은 그 위력이 너무 컸다. 각각의 위기에서 붙잡을 누군가의 팔이 없었다면, 힘 빠진 그를 잡아 주는 누군가의 손이 없었다면 갈렙은 지치고 흔들리면서 살다 갔을 것이다. 그리 살았다면 굳이 성경 속에 있는 그를 불러낼 이유도 없다. 갈렙은 모세의 후계자로 위임을 받은 당당한 여호수아에게서 시선을 멈추지 않았다. 여호수아가 목표였다면 어느 상황에서 온전을 놓았을 것이다. 갈렙은 위기를 만날 때마다 어떻게 힘을 얻어야 하는지, 누구에게서 얻어야 하는지 알았다. 이 위기는 혼자서 해결할 것이 아니라 손을 내밀어 연결되고, 연대해야 한다는 것을 잘 알았다. 그가 붙잡은 것은 위기에서 붙들어 주시는 여호와의 손이다. 그 손에 잡힌 바가 되었기에 갈렙은 힘을 얻을 수 있었다. 그리고 그 얻은 힘으로 일어난 후 올바른 방향으로 끊임없이 나아갈 수 있었다. 그것이 온전함이다. 우리도 그 힘을 빌려야 한다. 그 힘으로 인생의 위기 상황을 들어 올려야 한다. 위기 극복의 한 수를 배울 수 있어야 한다. 갈렙에게서.

3 장

갈렙 인생, 혈통부터 위기였다

성경에 갈렙의 이름이 처음 등장한 것은 모세가 정탐꾼 일원으로 그를 임명하던 때다. 갈렙은 유다 지파의 지휘관으로, 민수기는 "여분네의 아들"(13:6)이라 소개한다. 족보를 추적해 보면 그는 유다 혈통 이전에 '그니스' 부족(수 14:6), 혹은 '그나스'(민 32:12, 수 15:17) 부족이었던 것을 알 수 있다(한글 번역본에는 여호수아 14장 6절과 14절, 창세기 15장 19절 외에 모두 '그나스'로 번역했다).

그나스는 에돔 족속(창 36:11, 15)으로, 겐 족속과 함께 일찍부터 팔레스틴 남부 지역에 거주한 이방 혈통으로 추정한다(수 14:13, 14). 그나스 족속은 아브라함 시대에 가나안 토착민으로 살다가(창 15:19), 그중 일부가 언제부터인가 이스라엘의 유다 지파에 합류하여 자연스레 히브리인으로 혈통 세탁을 한 것으로 보인다.

에돔 족속은 에서의 후손이다. 하나님은 에돔 족속에 대해 애굽과 함께 3대 이후 자손은 여호와의 총회, 즉 이스라엘 백성들 회중에 들어올 수 있도록 선처하신 바가 있다(신 23:7-8). 할례를 받고 여호와 신앙으로 개종해야 하는 전제 조건은 있었다(창 17:9-14). 반면에 아말렉 족속은 천하에서 지워 버리라 명하셨다(신 25:19). 그런데 족보를 따라 올라가다 보면, 아말렉도 갈렙의 그나스 족속,

즉 에돔 족속과 같은 혈통이다. 에서는 가나안 여인 헷 족속 아다에게서 엘리바스를 얻고(창 36:4), 엘리바스는 그나스를 비롯해서 다섯 명의 아들을 낳고(10-11절), 첩 딤나에게서 아말렉을 얻는다(12절). 그러니 그나스와 아말렉은 이복형제 혈통인 셈이다. 아말렉이 에돔 족으로부터 이탈하여서 한 민족을 이루게 된 것은 아마 서자 출신이기 때문일 것이다(호크마주석).

작가 프랜신 리버스(Francine Rivers)는 소설 《갈렙》(홍성사, 2014)에서, 에서의 장남 엘리바스의 후손 혈통으로 갈렙을 묘사한다. 조상 여분네가 야곱의 4남, 그러니까 유다와 친구였고, 그런 인연으로 유다를 따라 애굽으로 이주해 살면서 얻은 자손 중 하나가 갈렙이라는 것이다. 이 소설에서 갈렙은 본처가 죽고 다음에 얻은 후처가 유대 여인이었는데, 출애굽 때 히브리인 혈통으로 개종하고 유대인으로 귀화했다고 설정한다. 그러나 이는 여호수아 15장 16절과 역대상 2장 49절의 갈렙을 동일 인물로 착각한 데서 오는 문학적 상상력에 불과하다. 갈렙은 출애굽 훨씬 전부터 히브리 혈통으로 살았을 것이다. 그렇지 않으면 출애굽 2년여 만에 유다 지파의 대표로 선출된다는 것은 무리수가 있다.

어쨌든 그니스 사람 여분네의 아들 갈렙은 순수 히브리 혈통이 아닌 것만은 확실하다.

족보 중심의 히브리 사회

이스라엘은 모계사회이다. 이방인 아버지와 유대인 어머니 사이에서 난 자식은 유대인이다. 반대로 이방인 어머니와 유대인 아버지 사이에서 난 자식은 이방인이다. 전에 이스라엘 장관과 이방인 여인이 결혼했다. 아버지가 국가에 공적을 세운 유명 장관이고 본인도 자식을 유대인으로 등록시키고 싶은데 이스라엘 법원은 부당하다는 판결을 내렸다. 이런 경우에는 개종 절차를 따로 하면 유대인 신분이 된다.

이로 보건데 이스라엘 공동체는 무조건 배타적인 혈통연합체가 아니라, 할례자라면 누구나 가입할 수 있는 고백 공동체이다. 구약학자 김희보도《구약 이스라엘사》(총신대학교출판부, 1981)에서 "히브리인 사회는 결국 민족적인 폐쇄 사회가 아니었다. 오히려 잡족들의 혼합 사회였다고 볼 수 있다. … 하나님이 이스라엘의 이방화는 엄금했으나 이방의 이스라엘화는 환영했다"라고 해석한다. 이런 종교 융합 정신에 힘입어 에돔 혈통 갈렙 같은 사람도 유대 사회에 편입될 수 있었던 것이다.

대표적인 인물이 여리고의 기생 출신 라합과 모압 여인 룻이다. 라합을 미화하려고 유대 역사가 요세푸스와 탈굼, 유대 랍비들은 기생 신분을 '여관 주인'으로 해석한다(호크마주석). 그러나 히브리서와 야고보서는 라합을 분명히 '기생'이라 표기하고 있어(히 11:31, 약 2:25) 여관 주인으로 볼 수는 없다(칼빈, 메튜 헨리). 공동번역은 아예 '창녀'로 번역했다. 유진 피터슨(Eugene H. Peterson)도 《메시지》에서 '여리고성의 창녀 라합'으로 번역한다. 다윗의 조상 할머니라고 굳이 요조숙녀로 만들 필요는 없다. 라합이 장사하던 '기생의 집'은 각양의 인종이 모여들어 사담을 나누던 분방한 곳으로, 가나안의 민심이나 정치, 군사적 동태 따위를 간파하기에는 적절한 곳이었다. 이런 분위기로 봐서도 여관 주인보다는 술을 파는 기생 신분이 맞다.

이스라엘 군대가 여리고성을 공격할 때 라합은 크게 공훈을 세운다. 그래서 이스라엘 일원이 되었고, 후에 살몬과 결혼하여 보아스를 낳는다(룻 4:18-22, 마 1:5). 그러나 이스라엘의 근저에는 이방인을 배타하는 편견이 남아 있다. 여리고 동족을 배신했다는 자괴감, 이방 여인이라는 자격지심도 늘 그녀를 괴롭혔을 것이다. 그래도 히브리인들은 라합을 따뜻하게 맞아 주었고 자연스레 공동체 일원이 되었다. 그녀의 손자 다윗이 왕이 되자 혈통 문제는 깨끗하게 정리가 되었다. 물론 세월이 흐른 후이다.

라합이 히브리 공동체로 녹아드는 데 갈렙이 힘이 되었다면 억측일까. 갈렙도 히브리 정통파 출신이 아니기에 동병상련을 느꼈을 것이다. 그러니 라합의 든든한 원군이 되었을지 모른다. 당시 여호수아가 실권자였다면 갈렙은 2인자의 자리에 있었다. 어떻든 이런 과정을 거쳐 라합은 이스라엘 주류 사회로 편입된다.

그렇다고 이스라엘이 족보 문제에 개방적인 사회는 아니다. 고대 히브리인들은 족보를 매우 귀하게 여겼다. "네 눈에 족보를 가볍게 여기지 말라"라는 히브리 속담이 있다. 이 말은 "부모를 공경하라"라는 하나님의 명령과 동의어처럼 느껴진다. 이런 속담도 있다. "족보가 아브라함과 이삭과 야곱에게서 온 것이라면 그것은 곧 하나님께로부터 온 것이다." 유대인이 선민 혈통이라는 족보를 얼마나 귀하게 여기는지 보여 준다.

고대 히브리인에게 족보는 그가 누구이며 어떤 성격이냐, 어떤 일을 하고 있는가, 장차 어떤 일을 하게 될 것인가에 대한 최상의 정보이다. 족보만 딱 들어도 단번에 그에 대한 면면을 알게 된다. 그래서 그 사람에 대해 알고 싶다면 족보나 가문을 살피면 된다. 구약에 족보가 계속 거론되는 까닭이기도 하다. 모세오경은 족보들의 이야기이고 역대기도 유다 혈통의 족보들로 구성된다. 에스라 느헤미야 등에도 족보가 줄줄이 기록된다. 신약에서도 예수님에 관한 족보가 마태복음(1:1-16)과 누가복음(3:23-38)에 상세히 소개되고 있다.

족보는 혈통만 아니라 구원 문제에까지 연결된다. 그렇다 보니 초대교회 안에서 족보를 갖고 장난을 치는 유대 출신 개종자들도 있었다. 바울은 이에 대해 "신화와 끝없는 족보에 몰두하지 말"

라고 전한다(딤전 1:4). 또 "어리석은 변론과 족보 이야기와 분쟁과 율법에 대한 다툼은 피하라 이것은 무익한 것이요 헛된 것이니라"(딛 3:9)라고 경고한다.

초대 교회에 하도 족보를 중시하다 보니 아브라함과 제사장들의 가상적 족보를 만들어 구원의 조건과 선민적 우월성을 주장하는 방편으로 내세우는 자들이 나왔다. 족보 자랑과 변론은 초대 교회에 혼란과 분열을 초래하는 빌미가 되었으므로 바울은 형식적이고 생명력이 없는 이런 행위들을 어리석고 허탄한 것으로 규정했던 것이다. 그만큼 정통 순혈주의가 굳건히 자리를 잡고 있는 족보 문화 유대 사회에서 이방인이 순혈 히브리인으로 정착하기까지에는 오랜 세월이 필요했고, 탁월한 공적을 세우거나 혼맥을 통해 신분 세탁이 이루어졌다.

순혈주의 세상에서 외국인이 살아남기란

갈렙의 선대는 히브리 정통으로 자리매김하기 위해 무척 노력했을 것이다. 그래서 갈렙은 귀화인임에도 혈통을 벗고 유다 지파를 대표하는 적자, 적남의 신분을 얻게 된다. 체계와 질서를 중시하는 사회에서 쉬운 일은 아니다.

신라 골품제도에 따르면 왕족 신분에 성골과 진골이 있다. 성골은 김씨 왕족 중에서도 왕이 될 자격을 가진 최고 신분이고, 진골은 왕족이나 왕이 될 자격이 없는 왕족이다. 진덕여왕을 끝으로 성골이 소멸되자 태종 무열왕 이후 신라 멸망 때까지 진골 출신이 왕위에 올랐다고 한다. 가야의 왕족인 김유신은 진골 대접을 받았다.

유대 사회를 굳이 골품 제도에 대입해 본다면 유다 지파는 성골이다. 유다 지파에서만 왕이 나오기 때문이다(창 49:10 참조). 나머지는 왕을 낼 수 없는 진골이다. 진골 격인 사울이 왕이 된 적은 있었지만 당대로 끝이 났다. 베냐민 지파에서는 더 이상 왕이 나오지 못했다. 그래서 사울 '왕조', 베냐민 '왕조'는 이스라엘 역사에 없는 것이다.

인간이 혈통을 가지고 우월함을 자랑하거나 무시하던 문화는 오랫동안 계속되면서 인류의 역사가 된다. 나치의 총통으로 제2차 세계대전을 일으켜 많은 희생자를 낸 아돌프 히틀러(Adolf Hitler)는 유전적 혈통을 강조한 아리안 순혈주의에 집착하여 유대인 공격의 구실로 삼았다. 여기에 집시, 동성애자들을 끼워 넣어 광기 어린 학살로 수백만 명의 살해를 지시했다.

대한민국은 오랜 세월 유교를 기반으로 했기에 족보와 성씨에 집착하는 면이 강하다. 성씨는 자신의 근본이자 뿌리로 자기 존재의 근원이다. 근세조선 초기만 올라가도 왕족이 아니고서는 족보가 없었다. 공을 세우면 성씨를 하나씩 하사해 주다 보니 늘어났다. 삼국시대에 성씨는 왕과 일부 귀족 계층만이 사용하는 전

유물이었으나 고려 후기에는 백성들까지 사용하게 되었다. 조선 초기에 성씨는 양민에게 보편화했으나 노비나 천민 계층은 쓸 수 없었다. 성씨가 일반화되기 시작한 것은 조선왕조 이후이다. 신분 해방이 이뤄지면서 성을 자유롭게 사용하게 됐고 일부 천민들도 공을 세워 성씨를 갖게 되면서 족보도 만들었다. 1894년 갑오개혁 이후에는 모든 백성이 성씨를 갖게 되었다.

2015년 인구주택 조사에 따르면 우리나라 성씨는 약 5,500개가 넘는다. 귀화자들까지 합친 결과이다. 가장 많은 성씨 1위는 단연 김씨로, 인구의 21.5퍼센트를 차지한다. 2위는 이씨(14.7퍼센트), 3위는 박씨(8.4퍼센트), 이어 최씨, 정씨, 강씨, 조씨, 윤씨, 장씨, 임씨 순이다. 성씨 순위에서 상위 10위가 차지하는 비율은 무려 63.9퍼센트나 된다. 1925년 인구통계 조사를 시작한 이래 다른 성씨가 10대 성씨에 들어간 경우는 없다. 두 자 성씨도 있고(독고, 제갈, 남궁…) 주변에서 쉽게 만날 수 없는 당, 증, 장곡, 묘, 담, 소봉, 뇌, 즙, 개, 군, 누, 비, 삼, 십, 어금… 씨도 있다.

한국에서 살아가려면 혈연, 지연, 학연을 무시할 수 없다. 무시 정도가 아니라 오히려 차별의 대상이 되기도 한다. 여기에서 또 순혈과 비순혈로 나눈다. 이런 상황에서 비순혈로 지도자의 반열에 오른다는 것은 쉬운 일이 아니다. 그뿐인가. 외국인이 한국인으로 귀화하려면 사회통합프로그램 0단계부터 6단계까지를 모두

이수하고 필기시험과 면접 심사 과정을 거쳐야 한다. 통상 귀화 면접 심사의 마지막 단계는 애국가 부르기다. 애국가 시험은 대다수는 1절만 부르고 끝나지만, 5퍼센트는 나머지 2, 3, 4절까지 부르게 한다. 최종 합격하면 당당히 한국인이 된다. 한국인이 아닌 혈통으로 대한민국에서 살아간다는 것은 알게 모르게 제약이 많다. 이처럼 순혈주의 세상에서 비순혈주의자들이 살아남기는 쉬운 일이 아니다.

교회에서 순혈주의 따져 뭐 하겠는가

서울대학교 규장각한국학연구원의 김시덕 교수는 인문학계가 배출한 몇 안 되는 스타 학자이다. 그의 책 《일본의 대외전쟁》(열린책들, 2016)은 2017년 대한민국학술원 우수학술도서에 선정됐고, 일본에서는 외국인 최초로 고전문학학술상을 수상했다. 화려한 이력과는 달리 그는 규장각 교수 임용과정에서 두 번씩이나 고배를 들었다. 이에 대해 김 교수는 "서울대학교 순혈주의 … '이물질'이 들어와 있는 게 싫었던 거죠"라고 말한다. (중앙일보, 2021. 8. 17.)

그렇다. 갈렙은 에서의 혈통으로 이물질이나, 그는 하나님을 알았다. 그래서 하나님의 백성들에게 자연스레 스며들었다. 모래가 조개 속에 이물질로 들어가 고통을 주고 겪으며 진주가 되는 것처럼, 갈렙의 선조들도 그만큼 어려움이 있었지만, 이제는 자손

중 한 사람 갈렙이 유다 지파를 대표하는 '정탐꾼' 진주가 된 것이다. 그야말로 '가문의 영광'으로 단연 하나님의 은혜이다.

교회에서도 순혈주의의 위험성은 존재한다. 새신자가 오면 스펀지가 물을 빨아들이듯이 잘 흡수해서 그들이 교회에 적응하도록 따뜻하게 받아들이는 교회가 있는가 하면, 오래된 성도들이 터줏대감처럼 행세하면서 은근히 새신자를 차별하는 교회가 있다. 성도가 지연 중심으로 구성되어 있거나 집성촌이면 특히 심하다. 지방의 어느 교회는 토박이들인 김씨와 박씨가 중심을 이룬다. 장로 선거에서 두 성씨가 아니면 당선이 될 수 없다. 김씨와 박씨 성도들은 서로 간에 반목과 대립을 일삼으면서도 타인이 들어올 때는 공동 전선을 형성한다. 이런 곳에서 신앙생활은 늘 위기에 처한다.

우리 교회는 상가에서 개척을 시작하고 12년 정도 되었을 때 이웃 지역 예배당을 매입해서 이전했다. 지역 주민들이 등록했는데, 신앙적인 피해의식이 엿보였다. 직분 선거에서도 이전 교회 교인들이 자기네 사람들만 지지하는 것 아닌가 하는 눈치가 있었다. 그런데 모든 것은 오해였다. 개척교회 멤버들과 이전 성도들은 전혀 기득권 행세를 하지 않았다. '우리끼리'라는 분파 의식도, 터줏대감 행세를 하는 성도도 없었다. 그래서 처음에는 서먹했던 관계들이 몇 년이 되지 않아 하나가 되었다. 그런 면에서 나는 우리 교회 성도들을 많이 사랑하고 존경한다. 여러 사람이 양보와 희생으로 만들어 낸 아름다운 결합이다. 교회는 바로 이런 곳이어야 한다. 이방인이 들어와 유대 정통파의 대표로 선발되는 논리만이 교회가 하나가 되는 길이다.

갈렙은 여러 위기를 만났지만, 동족들을 배신하지 않았다. 아무 조건 없이 받아 준 히브리인들을 어떻게 배신한단 말인가. 헬렌 켈러는 "조상 중에 노예가 없었던 왕은 없고, 왕이 없었던 노예도 없다"라고 말한다. 혈통에 너무 연연하지 말라는 가르침을 준다. 혈통과 신분이 중요한 것이 아니라 지금 내가 어떤 사람이며, 어떤 사람이 되어 가고 있는가가 중요하다. 건강한 사회는 그렇게 가야 한다. 그럼에도 혈통은 무시할 수 없는 그 사회의 지반이다. 누구든 그 지반을 흔들고 올라서려고 한다면 심한 저항을 받는다는 것을 앞선 실례에서 찾아볼 수 있다.

한국 교회가 건강한 공동체를 이루려면 순혈주의를 포기해야 한다. 그리스도 안에서 가족 공동체를 이루어야 한다. 가족은 평등하고 사랑하며 서로 아낀다. 언제 교회에 등록했는지, 노회에 가입했는지 등에 연연하지 말고, 영성과 은사에 따라 쓰임받을 수 있어야 한다. 교회나 노회, 교단 안에서 지연 학연 혈연을 따지는 순혈주의를 고집한다면 '교회다움'을 포기한 교회, 노회, 교단에 불과하다. 이런 교회가 어찌 온전함을 추구하는 예수님의 공동체가 될 수 있을까.

2부 청년 갈렙, 화려한 데뷔

4
장

이방 사람 갈렙이 뽑혔다

이제 슬슬 갈렙의 위기로 들어가 보자. 첫 번째 위기는 모세가 그를 정탐꾼 중 하나로 선발했을 때에 왔다. 처음부터 위기는 아니었다. 시작은 기회의 얼굴로 찾아왔다. 가나안 정찰팀에 유다 지파 대표로 뽑혔다는 것은 그나스 출신 갈렙 가문이 유다 지파는 물론 이스라엘 전체 구성원들 사이에서 확고하게 자리매김을 하는 절호의 찬스였다.

이스라엘 백성들은 시내산을 출발한 지 11일 만에 이곳 가데스 바네아에 도착했다(신 1:2, 9:23). 출애굽 대장정을 나선 지 2년이 되던 해 5월이다. 가데스 바네아는 시내 반도 동북쪽에 있는 성읍으로, 브엘세바에서 남서쪽으로 약 80킬로미터 지점에 위치하고 있다. 바란 광야와 신 광야 사이에 있는 사막 지대로 오아시스들이 있어 일찍부터 성읍이 발달하였다.

정탐꾼 파견은 하나님의 뜻이 아니었다

모세는 열두 명의 정탐꾼을 가나안으로 보내 그곳 전역의 정보를 수집하도록 했다. 정탐꾼 파견은 순전히 백성들의 요청으로 이루어졌다. 모세의 계획은 사전 답사 없이 곧장 가나안 지경으로 진입하는 것이었다(민 13:21). 백성들은 무슨 생각에서인지 사전에 땅을 정탐하기를 요구했다(신 1:22). 굳이 정탐꾼을 파견할 필요는 없었다. 어느 길로 올라가야 할지, 어느 성읍으로 들어가야 할지는 하나님의 소관이다. 애굽을 탈출하고 구름기둥과 불기둥의 안내를 받으며 행진했던 것처럼, 가나안에서도 하나님의 말씀을 내비게이션 삼아 진격하면 될 일이다. 하지만 백성들은 스스로 길을 만들어 보겠다고 나섰다.

왜 그랬을까. 하나님과 그분의 약속에 대한 신뢰 부족이다. 이스라엘 백성들은 하나님의 말씀만 믿고 가나안으로 들어간다는 것이 불안했다. 종종 내비게이션을 믿지 못하고 직접 결정권을 행사하고자 하는 우리네 마음과 같다. 그러나 하나님은 가나안 땅이 그들의 기업이라는 사실을 누누이 확인시켜 주셨다. 출애굽 직전에 모세에게는 더 확실하게 말씀하셨다.

> "내가 내려가서 그들을 애굽인의 손에서 건져내고 그들을 그 땅에서 인도하여 아름답고 광대한 땅, 젖과 꿀이 흐르는 땅 곧 가나안 족속, 헷 족속, 아모리 족속, 브리스 족속, 히위 족속, 여부스 족속의 지방에 데려가려 하노라 … 내가 말하였거니와 내가 너희를 애굽의 고난 중에서 인도하여 내어 젖과 꿀이 흐르는 땅 곧 가나안 족속, 헷 족속, 아모리 족속, 브리스 족속, 히위 족속, 여부스 족속의 땅으로 올라가게 하리라 하셨다 하면" 출 3:8, 17

가나안을 기업으로 주겠다는 약속이 반복되었음에도 이스라엘은 애굽 체류 430년 사이에 여호와 하나님을 거의 잊어버리고 살았다. 믿음의 족장들이 섬기던 여호와 하나님은 그 속성이 퇴색되고 민담이나 신화와 종교의 신으로 윤색되어 갔다. '여호와'라는 이름을 아예 알지 못했다. 모세조차도 호렙산에서 하나님을 대면했을 때 "… 너희의 조상의 하나님이 나를 너희에게 보내셨다 하면 그들이 내게 묻기를 그의 이름이 무엇이냐 하리니 내가 무엇이라고 그들에게 말하리이까"(출 3:13) 하고 질문했다. 모세는 레위 지파 출신으로 신앙심 깊은 어머니로부터 히브리 민족과 종교의 가르침을 알게 모르게 학습받지 않았던가. 그런 자의 질문 수준이 이러했다. 그만큼 이스라엘 민족에게 여호와 하나님은 '조상의 신'일 뿐, 유일신 하나님으로 뿌리를 내리기에는 출애굽 이후 2년이라는 학습 시간이 너무 짧았다.

이스라엘은 나름대로 하나님도 알고 언약도 알았지만, 확신이 없었다. 애굽에서는 하나님을 예배하는 정규적인 제사도 없고 말씀을 전달해 주는 선지자나 가르침을 주는 랍비도 없었다. 아브라함과 이삭과 야곱, 요셉의 하나님은 출애굽 즈음에 대부분 잊혀졌다. 그러니 가나안 땅에 대한 언약도 불확실했다. 백성들은 확실한 것을 원했다. 눈으로 가나안을 확인하고 두 발로 그 땅을 걸어 보고자 했다. 확실성 없이 민족 전체가 동시에 적진으로 이동한다는 것은 불구덩이로 들어가는 위험천만한 일이라 생각했다. 그들은 하나님의 말씀보다는 자기들의 안목을 더 믿으려 했다. 모험보다는 안전한 쪽을 택한 결과 모세에게 정탐꾼 파견을 요청하기에 이르렀다. 선민들에게서 인본주의가 보인다.

열두 명에게 기회가 주어지다

이스라엘의 신앙에 이상이 생겼다. 가나안은 하나님이 '주셨고'(신 26:9-11, 민 15:2 참조) 이스라엘은 주신 땅을 기업으로, 믿음으로 넘겨 '받으면' 된다. 하나님이 오래전에 조상에게 주신 땅을 접수하러 가면 되는 것이다. 가나안은 싸워서 얻을 땅이 아니다. 당신의 백성을 위해 하나님이 사전 작업해 놓은 땅이다. 그러나 이스라엘은 그걸 얻는 것은 자신들의 전략과 실력에 달렸다고 판단했다. 여호와를 절대 의존하는 믿음이 아니었다. 오히려 하나님의 언약을 덮어놓고 믿는 신앙을 유아적이라 생각했다.

하나님은 이스라엘의 입장을 이해하셨고, 그들의 요구를 수용해 주셨다. 언약 수령의 당사자인 족장들과는 400년 이상의 간극이 있었다. 그래서 정탐꾼들을 대표로 삼아 약속한 땅을 친히 목격하게 하심으로써 의심과 불안, 분란이 생기지 않도록 하셨다.

왜 하필 열두 명이었을까. 미국의 사회심리학자 크리스천 바이스(Christian Buys)와 케네스 라슨(Kenneth Larsen)은 열두 명 전후로 형성된 집단을 '연민 집단'이라고 불렀다. 두 심리학자는 사람들에게 '만약 내가 죽는다면 슬퍼할 지인은 몇 명이나 될까'라는 질문을 했는데, 답변을 살펴보니 대부분 열두 명 내외의 수를 말했다는 것이다. 그들의 주장에 따르면 이 열두 명의 집단은 긴밀한 상호작용이 이루어진다. 열두 명은 서로 죽는 날까지 함께하며 관을 들어 주고 빈소를 지켜 줄 사람들로서 공동체를 형성해 나갈 수 있는 숫자다(로빈 던바, 《프렌즈》 어크로스, 2022).

그래서일까. 모세가 뽑은 정탐꾼은 열두 명이었다. 유대감과 공감대를 형성할 수 있는 아주 효율적이면서 완벽한 숫자였다. 예수님도 제자를 뽑으실 때 열두 명으로 구성하셨다. 하다못해 연필이나 물감 등도 대부분 한 타(열두 개를 세는 단위)로 구성되어 있다.

당시는 묘한 긴장감이 흐르던 시기였다(민 12:1-16). 모세가 구스 여인을 취한 일로 남매 사이에 균열이 일어난다. 구스 부족은 아프리카의 에티오피아와 아라비아반도 및 앗시리아 지역 등에 정착한 검은 피부색의 함족 계통이다. 여러 학자는 모세가 아내 십보라의 사망 후에 애굽에서 함께 나온 사람 가운데 한 여인을 후취로 삼았다고 본다. 미리암과 아론은 동생이 이방 여인을 취한 사실에 이의를 제기한다. 이 대목에서 미리암의 이름이 대제사장 신분 아론의 이름보다 앞서 있다(12:1). 아마도 이 일을 주도한 사람은 미리암이었던 것 같다. 그렇다면 그들은 왜 모세의 결혼을 반대했을까. 율법에 어긋났거나 민족적 우월성과 배타성 때문은 아닌 것 같다. 모세가 지도력을 독점해서 다른 사람들, 특히 형제들과 의논하지 않았다는 쪽으로 보는 것이 이해하기 좋다.

이런 껄끄러운 사건이 있었기에 정탐꾼 선발에 모세는 더욱 심사숙고했을 것이다. 남매 지도자가 머리를 맞대고 각 지파에서 가장 적합한 한 명씩, 모두 열두 명을 찾아냈을 것이다. 레위 지파에서는 정탐꾼이 선발되지 않았다. 가나안 땅 분배 시에 영토를 분배받지 않고, 각 지파 영토 내에 얼마간의 땅을 할애받아 거주해야 하는 특별한 신분과 직능 때문이다(신 35:2). 백성들을 대신하여 성막에서 봉사하고, 백성을 교육하며, 여호와의 영광을 보존하는 등의 더 특수한 직책이 있었기에, 가나안 정복 및 땅 분배를 위한 정탐 활동이 요구될 필요가 없었다.

정탐꾼 열두 명은 지파를 대표하는 최고 수장이 아니라(1:5-15, 2:3-31) 특별한 과업을 수행하기 위한 목적 하에서 임시로 선임된 실무 수장들이다. 그렇다고 단순한 선발대는 아니다. 그들은 모두 각자의 지파에서 영향력이 있는, 젊고 유력한 지휘관들이다. 모세는 그들을 "각 지파의 각 조상의 가문의 우두머리"(1:4)라고 세워준다. 광활한 가나안 전역을 정탐하는 일은 체력, 용기, 신앙과 지혜가 요구되었다. 지파 간에 은근한 경쟁도 생길 수 있었기에 심사숙고하여 타 지파에 지지 않는, 기상이 넘치는 지휘관들을 선발한 것이다.

정탐꾼들의 이름은 삼무아, 사밧, 갈렙, 이갈, 호세아, 발디, 갓디엘, 갓디, 암미엘, 스둘, 나비, 그우엘이다(13:4-15). 모세는 호세아의 이름을 여호수아라 개명해 주었다(16절). 장차 가나안에 입성해서 여호수아가 감당해야 할 중대한 임무를 염두에 둔 개명으로 보인다. 모세는 그들에게 남방 길과 산지로 올라가서 정탐하라 한다. 요단 동편으로 우회하여 들어가지 말고, 가나안을 가로지르는 산지를 타고 바로 북상하여 거민이 강한지 약한지, 많은지 적은지, 그들이 사는 땅이 좋은지 나쁜지, 성읍이 진영인지 산성인지, 토지가 비옥한지 메마른지, 나무가 있는지 없는지, 실과는 어떠한지 등을 알아오도록 했다. '진영'은 군사적 방어물이 없는 마을이나 자연 촌락이요, '산성'은 군사 시설로 방어가 완비된 도시들이다. 흩어져 있는 골짜기 촌락이나 제대로 수비 형태를 갖춘 성읍들을 상세히 알아오라는 것이다.

과연 기회인가

갈렙은 어려운 심사를 통과한 후 수천 명의 후보 중에서 부족의 대표로 선발된다. 유다 지파만 해도 싸움에 나갈 20세 이상의 용사가 7만 4,600명이었다(1:27). 그들은 육체적으로 건장하고 동시에 정신적으로도 성숙한 성년이었다. 무엇을 놓고 봐도 나무랄

데 없는 이들이었다. 그런데 이들을 다 제친 갈렙의 당시 나이는 40세였다(민 13:6, 수 14:7).

7만 4,600대 1의 경쟁에서 부족 대표로 뽑혔다는 것은 그 자체가 실력이다. 적지를 정탐하는 임무이기에 체력, 신앙적 열정, 기상이 넘쳐야 했다. 젖은 성냥개비로 어떻게 나무에 불을 붙일 수 있겠는가. 내가 활활 불이 붙어야 앞을 가로막은 숲도 태울 수 있고, 타인의 가슴에 불도 붙일 수 있다. 갈렙은 그런 열정을 지닌 용사였다. 다른 열한 명도 모두 그랬을 것이다.

사람의 혈통이나 과거는 숨기기가 어렵다. 유명 연예인이나 운동선수들이 청소년 시절, 어떻게 보면 우쭐대고 싶어 저질렀던 학교 폭력이 드러나면 제아무리 대단했던 커리어라도 모두 포기하고 자취를 감추지 않던가. 유대 사회에서도 마찬가지였다. 아무개 조상이 에돔 족속이라는 사실은 숨길 수가 없다. 그제나 지금이나 사람들은 유명인들의 과거에 관대하지 않다.

그런데 갈렙이 이런 핸디캡을 극복하고 지파의 대표로 뽑혔다. 프랜신 리버스도 그의 소설에서 갈렙이 정탐꾼으로 뽑힐 때 지파 내에서 혈통을 문제 삼아 반대와 저항이 심했던 것으로 묘사한다. 이런 분위기에서 대표로 선출되었으니, 요즘이라면 출신학교 교문에 현수막이 걸릴 만큼 대단한 명예였다.

거기다 유다 지파는 광야의 행진 중에서 선봉이다. 유다는 레아의 넷째 아들이었지만 르우벤을 대신해 이스라엘의 실질적인 장자 혈통으로 독립적인 지위를 부여받았다(창 49:8-12). 유다 지파는 잇사갈 지파의 5만 4,400명, 스블론 지파의 5만 7,400명과 함께 핵심 군단을 이루었다. 세 지파의 군대 인원은 18만 6,400명이다(민 2:3-9). 선두에 서 있는 유다 군단이 흔들리면 나머지 군단에 영향을 미쳤다.

물론 갈렙은 이 많은 군대의 총사령관은 아니다. 총사령관은 따로 있었다. 그럼에도 유다 지파의 대표로 선택된 갈렙에게 그 임무의 막중함이란 대단하다. 처음 선발되었을 때는 성공을 손에 잡은 것만 같은 마음에 기뻤고 축하도 많이 받았겠지만, 기쁨은 하루로 족했을 것이다. 현실을 돌아보는 순간 막강한 책임감으로 어깨가 무거워졌을 것이다. 성공은 유다 지파의 것이지만 실패한다면 그건 오로지 갈렙 개인의 몫이 될 것이었다.

다른 열한 명도 같은 입장이지만 갈렙보다는 낫다. 정탐꾼 역할에 실패한다면 모두 입장은 난처하겠지만, 열한 명은 일단 혈통 시비는 없을 테니 가문이 수모를 당하는 일은 없을 것이다. 그들에 비교해 정통성에서 밀리는 갈렙은 무슨 일이 있어도 이번 임무에서 성공해야 했다. 에돔인이라는 선대의 혈통을 벗고 정통 유다 지파의 일원으로 당당히 '대못'을 박을 기회였다. 갈렙과 그나스부족 전체가 찬스였다. 그러나 행운이 곧 위기로 둔갑할 줄은 몰랐다. 그들은 가나안 적지에서의 위험만 생각했지, 정탐 역할을 마치고 돌아온 이후에 닥칠 위기 상황은 예견하지 못했다.

직분에 걸맞은 열정이 필요하다

시어다골(鰣魚多骨)은 '준치는 맛은 좋으나 가시가 많다'는 뜻이다. '시어'의 시(鰣) 자는 물고기 어(魚) 변에 때 시(時)를 쓰는데, 제철이 지나면 완전히 사라졌다가 이듬해가 되어서야 나타나는 어류여서 생긴 이름이다. 3월 하순부터는 준치가 잡히는 계절로, 정약전은 '자산어보'에서 시어는 살이 통통해 맛은 좋지만 가시가 많다고 기록했다. 맛이 있지만 동시에 가시가 많다는 것은 좋은 한편 좋지 못한 면도 있음을 이르는 말이다. 호사다마(好事多魔)가 이와 비슷하게 쓰인다.

성경 역사가 그렇지 않은가. 사울은 왕 자리에 오르지 않았다면 출중한 외모와 집안, 겸손한 성품(삼상 9:1-2, 10:21-23)까지 두루 갖추었기에 충분히 행복한 여생을 보냈을 것이다. 왕이 되면서, 다윗이 등장하면서 하나님에게 등을 돌리고 위기를 자초한다. 차라리 하나님의 눈에 띄지 말고, 사무엘에게 기름 부음을 받지 않았다면 위기도 없었을 것이다. 이스라엘 역사에 초대 왕으로의 선출은 사울에게 영광이라는 기회와 함께 위기가 되었다.

우리의 성공이 위기가 될 수 있음은 신앙생활에서도 적용할 수 있다. 교회에서 장로와 권사 등으로 임직을 하면 최선을 다해 '직무'를 감당해야 한다. 그런데 직분을 받으면 목표를 달성했다고 생각하면서 직무에서 손을 놓아 버려 신앙생활이 전만 못하다. 요즘 한국 교회는 집사보다 장로, 권사가 증가하는 추세이다. 목사와 장로는 늘어나는데 일하는 집사와 교인들은 줄어들고 있다. 목사와 장로, 권사들이 제대로 직무를 감당만 해도 한국 교회는 물론 한국 사회를 바꿔 놓을 수 있다. '무늬만 직분자'들을 양산하고 있기에 본인도 직분에 눌리거나 취해서 열정을 잃고 있다. 직분만 남고 열정을 잃어버린다면 그것이야말로 신앙의 위기가 아니고 무엇이겠는가. 그래서 전도서 기자는 빠른 경주자가 선착하는 것이 아니라고 경고한다(전 9:11).

갈렙을 비롯한 정탐꾼들은 성공 이후에 오히려 위험이 기다리고 있는 줄도 모르고 실력을 알릴 기회로 삼아 의기양양한 얼굴로 가나안 적진을 향해 숨어들었다. 그곳에서의 40일은 한순간도 긴장을 내려 놓을 수 없는 초조한 날들이었다. 가나안 원주민들에게 출애굽 행진이 제대로 알려지지 않아 그나마 다행이었다. 그만큼 비상 상황이 아니었다. 만약 가나안 전역이 경계 상황이었다면 40년 후에 여리고성에 침투했던 정탐 2인이 금방 노출되었던 것처럼(수 2:1-2), 열두 명도 이내 발각되어 포로가 되거나 쫓기는 신세가 되었을 것이다.

5장

왜곡된 사실은 위험하다

열두 명의 정탐꾼은 40일 만에 임무를 마치고 돌아왔다(민 13:25). 가나안 최남단에서 최북단까지의 거리는 대략 160킬로미터다. 서울시청에서 대구시청까지가 162킬로미터니까 거리가 어느 정도인지 추측해 볼 수 있다. 산악 지대라는 점을 감안해도 성인 남자가 일주일이면 충분히 주파할 만큼의 거리이다. 그런데 왕복 기간이 40일을 경과했다는 것은 곳곳을 세밀하게 충분히 정탐했다는 말이다. 그들이 한 사람의 희생자도 없이 무사 귀환할 수 있었던 것은 정예화된 소수였기 때문이고, 무엇보다 하나님의 특별한 보호하심이 있었다는 증거이다.

정탐꾼들은 모세의 지시대로 가나안 땅의 실과를 가져왔다. 에스골 골짜기의 소산물인 포도송이, 석류, 무화과였다. 에스골은 '포도송이'라는 뜻을 지닌 지역으로, 헤브론에서 가까우며 과일 농사에 적합한 곳이다. 이곳을 골짜기라고 한 것은 겨울 우기(10~4월)에만 생기는 개울, 곧 '와디'(wady)였기 때문이다. 와디는 건기에는 종종 지표면에 물이 말라 버리지만 땅속에는 과수가 자라기에 충분한 수분을 품고 있다. 에스골 골짜기는 가나안에서 양질의 포도를 생산하는 곳으로 알려진 곳이었다(호크마주석).

지금도 팔레스타인에서 재배되는 포도들은 한 송이에 4~5킬로그램 정도 나간다고 하니 가벼운 무게는 아니다. 정탐꾼들은 포도송이를 손상시키지 않고 운반함으로 가나안 땅이 젖과 꿀이 흐르는 풍요로운 토질이라는 사실을 백성들에게 직접 확인시켜 주려 했다. 신분을 숨기고 행적을 남기지 말아야 하는 정탐꾼의 입장에서 쉬운 행보는 아니다. 송이가 떨어지지 않게 조심하면서 행군하다 보면 걸음도 더디게 마련이고 조심스럽다. 그래도 그들은 모세의 명령에 순종하기 위해 최선을 다했다. 과연 각 지파를 대표할 만한 용사들이다.

때때로 진실은 가려진다

정탐 보고대회가 열렸다. 사실 보고대회까지는 필요 없었다. 정탐꾼들이 모세에게 보고하고 모세는 내용을 취사선택하여 백성들에게 알리면 됐다. 그러나 모세는 굳이 공개적으로 보고대회를 열었다. 가나안 정탐을 요구한 이들은 백성이다. 청원자들에게 결과를 보고하는 것은 당연한 수순이다. 모세는 가나안에 관한 일체의 정보를 공유하기 원했다. 보고사항에는 백성들이 동요할 만한 내용도 있었을 것이다. 그렇지만 모세는 모든 것을 하나님에게 맡기고 일을 처리했다. 백성들은 모든 것을 알아야 할 권리가 있었다. 그래서 공개 보고대회를 가졌는데, 생각처럼 원하는 방향대로 흘러가지 않았다.

모세와 아론과 백성들 전체가 보고대회에 참석했다. 전시된 포도송이와 석류, 무화과를 보면서 그 땅을 취한다는 기대감으로 흥분이 서려 있었다. 정탐꾼들은 과일을 높이 쳐들어 보이며 기세 좋게 보고한다. 좋은 보고와 나쁜 보고가 동시에 올라왔다.

"… 당신이 우리를 보낸 땅에 간즉 과연 그 땅에 젖과 꿀이 흐르는 데 이것은 그 땅의 과일이니이다" 민 13:27

축복의 땅이라는 하나님의 말씀이 딱 들어맞았다는 것이다. 그러나 좋은 보고에도 얼굴이 밝지 않다는 것을 백성들은 눈치를 챘다. 이어지는 보고에서 백성들은 그 이유를 알았다. 땅에 대해서는 긍정적인 소식이었지만, 점령하기에 그 땅은 만만한 곳이 아니었다. 정탐꾼들의 부정적인 보고에 백성들의 얼굴은 점차 어두워져 갔다.

"그러나 그 땅 거주민은 강하고 성읍은 견고하고 심히 클 뿐 아니라 거기서 아낙 자손을 보았으며 아말렉인은 남방 땅에 거주하고 헷인과 여부스인과 아모리인은 산지에 거주하고 가나안인은 해변과 요단 가에 거주하더이다" 28-29절

모세는 처음부터 각색된 시나리오를 원하지 않았다. 그래서 정탐꾼들에게 사실 그대로, 있는 그대로 정보를 갖고 오라 했고, 그들은 정확한 정보를 갖고 왔다.

그러나 '모든 사실이 진실인가'는 또 다른 문제다. 우리는 흔히 '사실관계를 확인해야 한다'고 말한다. 그런 사실이 있었는지, 그 평가가 전부인지를 확인해야 한다는 것이다. 뉴스나 신문기사를 읽다 보면 사실을 전한다고 하면서도 그 위에 각자의 주관적 관점이나 평가로 윤색해 버리는 일들이 많다. 정탐꾼들의 보고에도 그런 면이 있다. 긍정적인 보고서 말미에 "그러나…"를 집어넣음으로 정복이 어렵다는 점을 전제했다. 패색이 짙은 발언이다. 보고를 듣던 백성들이 불안에 싸여 웅성거리기 시작했다. 대표들의 보고가 저러한데 가나안 입성은 틀린 것 아닌가 하며 서로 의견을 주고받았다. 민심은 사실과 관계없이 한번 기울어지면 그쪽으로 휩쓸리고 마는 성질을 지닌다.

다수가 항상 옳은 것은 아니다

여럿이 도출한 결론은 개인이 내린 판단보다 더 정확할까? 대부분은 전자가 더 정확할 거라 생각하기 쉽다. 여럿이 머리를 맞대었으니 당연히 더 나은 결론에 이를 것이라 생각한다. 다수결의를 기초로 하는 민주주의의 장점이 여기에 있다고 믿는다.

집단 지성이 항상 정확한 결론을 도출한다는 주장에 대해 프린스턴대학 심리학 교수 대니얼 카너먼(Daniel Kahneman)은 《노이즈: 생각의 잡음》(김영사, 2022)에서 동의하지 않는다. 그는 군중은 생각만큼 지혜로운 집단이 아니라고 규정한다. 인간은 기계가 아니므로 판단 과정에서 기분, 날씨, 주변 사람 등 여러 상황의 영향을 받고 판단을 내린다. 그러니 정확한 판단을 흐리게 하는 다른 판단도 나오게 된다. 카너먼은 판단을 흐리는 이러한 요소들을 '잡음'(noise)이라고 한다. 여럿이 모일수록 잡음이 낄 가능성이 증가한다는 것이다.

이 책의 공저자 올리비에 시보니(Olivier Sibony)와 캐스 선스타인(Cass R. Sunstein)도 이와 같은 의견에 동의하며, '잡음'에서 우리가 저지르는 오류를 두 가지로 분류한다. 사실과 관계없이 한쪽으로 치우치는 '편향'과, 시끄러운 잡소리에 문제를 호도하는 '잡음'이다. 편향은 문제의 핵심에서 '체계적으로 이탈'한 판단이고 잡음은 문제의 핵심에서 '임의적으로 분산'된 판단이다. 뚜렷한 자기 생각이 없이 경솔하게 남의 의견에 따라 움직이는 부화뇌동(附和雷同)이 여기에 속한다. 자신의 주체적인 의견과 객관적인 기준을 도외시한 채 물질적인 이해관계 또는 남의 주장이나 의견을 맹목적으로 추종하는 태도이다. 공자는 "군자는 화합하지만 부화뇌동하지 않고, 소인은 부화뇌동하지만 화합하지 않는다"(君子 和

而不同 小人 同而不和)는 말로 부화뇌동은 소인배들이나 하는 행동이라고 경고한다.

중세 유럽의 스콜라 철학을 대표하는 이탈리아의 신학자 토마스 아퀴나스(Thomas Aquinas)는 "한 권의 책만 읽은 사람을 조심하라"고 경고한다. 편향된 이념에 꽂히면 팩트가 보이지 않는다는 사실을 경계한 말이다. 이를 앵커링 효과(Anchoring effect), 일명 '닻 내림 효과'라고 한다. 닻 내림 효과는 대니얼 카너먼과 아모스 트버스키(Amos Tversky)에 의해 제시된 개념으로, '닻을 내린 배가 많이 움직이지 못하는 것처럼 최초에 제시된 숫자가 기준점 역할을 하여 합리적인 사고를 못 하고 이후의 판단에 영향을 주는 현상'을 일컫는다. 이는 닻을 내리듯 생각의 틀이 고정된다는 것이다.

인간은 초기에 접한 정보가 기준점이 되어 의사결정에 영향을 미친다. 이렇게 생각의 틀이 고정되어 버리면 왜곡 혹은 편파적인 판단과 선택을 내리기 쉽다. 종종 강한 첫인상에 사로잡히면 미처 다른 생각을 못 할 때가 있는 것처럼 백성들은 열 명의 정탐꾼들이 처음 그들의 귀에 들려준 부정적인 보고에 닻을 내리고 말았다. 그러니 누가 다른 말을 한다 해도 귀에 들어올 리가 없다.

갈렙은 자리를 박차고 일어나 부정적인 보고에 동요하는 백성들을 진정시켰다. 걷잡을 수 없이 사태가 악화하는 것을 미연에 방지하기 위함이다. 왜 여호수아 대신 갈렙이 나섰을까. 여호수아는 분명 갈렙과 견해를 같이하고 있다(민 14:6). 그는 모세의 부관이다. 당연히 모세 편에 서서 상황을 말하고 무리수를 써 가면서라도 가나안 입성을 주장할 것이다. 백성들을 이끌고 광야로 나온 모세에게는 가나안 입성 외에는 다른 선택지가 없다. 무조건 가나안으로 가야 한다. 백성들의 처지에서는 여호수아가 모세의 의지를 반영하는 왜곡된 보고자로 보일 수도 있다. 이런 예상까지 하면서 갈렙이 주도적으로 나섰다고 본다. 갈렙은 보다 객관적인 입장에 있는 것으로 비치기 때문이다.

무엇이 진실인가

정탐꾼 열두 명은 상황에 대해서는 사실에 입각해 동일하게 진단했지만 대처 방식에서는 견해가 달랐다. 열 명은 눈에 비친 '사실'만을 보이는 그대로 말했다. 2인 중 하나인 갈렙은 사실이 아니라 '진실'에 근거하여 보고하고 있다. 무책임한 만용이 아니라, 여호와의 약속을 굳게 믿는 신앙에 기초한 말이다. 겁먹은 보고에 동요하는 백성들을 진정시키고, 땅을 주시겠다는 하나님의 약속을 환기시키며 흔들리는 믿음을 재무장시킬 의도에서 발언한 것이다. 그러나 삼무아를 비롯한 열 명의 눈에는 대책이 없는 낙관주의였고 무책임한 보고였다. 그들은 즉시 반격한다.

"… 우리는 능히 올라가서 그 백성을 치지 못하리라 그들은 우리보다 강하니라 하고 이스라엘 자손 앞에서 그 정탐한 땅을 악평하여 이르되 우리가 두루 다니며 정탐한 땅은 그 거주민을 삼키는 땅이요 거기서 본 모든 백성은 신장이 장대한 자들이며 거기서 네피림 후손인 아낙 자손의 거인들을 보았나니 우리는 스스로 보기에도 메뚜기 같으니 그들이 보기에도 그와 같았을 것이니라"

민 13:31-33

열 명의 왜곡된 보고는 쌍방 간의 전투력 비교에서 끝나지 않는다. 가나안 땅을 '거민을 삼키는 땅'이라 악평하고 나선다. 박토(薄土)라거나 기후 조건이 안 좋고 질병이 만연해 생존할 수 없는 땅이라는 말이 아니다. 매우 비옥하고 군사적으로도 요충지이기에 오히려 열국이 서로 쟁취하기 위해 치열한 전쟁을 펼칠 것이며, 따라서 두고두고 수많은 희생자가 발생할 상시 전투지역이라는 뜻이다. 그러니 이런 위험한 땅에는 처음부터 들어가지 않는 것이 좋겠다는 보고였다.

이것은 약속의 땅을 하나님이 조상 대대로 허락하신 '기업'으로 삼기에는 부적합한 지대라는 평가다. 근본적으로 하나님의 약속에 대한 불신이며 땅을 모욕하는 처사이다. 열 명은 자기들이 원하는 쪽으로 백성들을 몰아가기 위해 틀린 정보를 제공하고 있다. 그들은 '반쪽 사실'을 '전체 사실'로 왜곡시켰다. 이런 사람들의 특징은 후에 진실과 사실이 드러나도 결코 잘못을 인정하거나 사과하는 법이 없다는 것이다. 이들은 진실과 사실을 뻔히 알면서도 감추고 왜곡시킨다.

믿음이 없는 백성은 얼마나 어리석은가

모세는 처음부터 이런 결과를 예상했던 것 같다. 그래서 파견하면서 "담대하라"(20절)고 당부했다. 모세의 이 짧은 당부에는 많은 의미가 담겨 있다. 승리를 확신하고 용맹스럽게 행하라는 말이다. 지속적으로 용기를 가지라는 말이다. 부정적인 시각으로만 보지 말고 가나안 전역을 얻을 수 있다는 확신의 시각으로 바라보라는 말이다. 눈에 보이는 상황에 연연하지 말고 가나안을 주겠다고 약속하신 하나님만 보라는 말이다. 그 약속의 땅이 어떠한지, 그것만을 보고 오라는 것이다. 그러나 그들은 관찰한 것을 보고하는 것만 아니라 자기들 멋대로 해석까지 하고 있다. 그것도 부정적인 해석을 말이다.

정탐꾼들의 입에서 나오는 아말렉, 헷, 여부스, 아모리인, 가나안 족속은 가나안 땅의 강력한 원주민 부족으로, 가나안 전 지역을 통제하고 있었다. 연합군을 꾸린다면 비정규군 이스라엘 군대의 승산은 제로였다. 이런 상황을 감안한 백성들은 다수의 보고를 받아들였다. 사람들 속에는 긍정의 힘보다는 부정하는 힘이 강하다. 죄인들의 특성이다.

강해 설교가 존 맥아더(John Macarthur)는 염려를 버리고 하나님을 온전히 신뢰하는 삶을 다룬 《자족연습》(토기장이, 2015)에서 "잘못된 상황 때문에 망하는 사람은 없으나 잘못된 대응으로 망하는 사람은 많다"라고 말한다. 딱 이스라엘 백성들을 두고 하는 말이다.

이스라엘 백성들은 밤새도록 울고불고 난리가 났다. 달콤한 꿈을 선사하면서 여기까지 데리고 나온 모세와 아론을 원망했다. 포로가 되어 구차한 신세로 전락하느니 차라리 죽는 쪽을 택하자, 지휘관을 따로 세워 애굽으로 돌아가자는 말도 나올 만큼 민심은 흉흉해졌다(민 14:1-4). 이들은 자기 연민과 회한의 감정에 빠져들고 말았다. 믿음의 결핍이었다.

이스라엘 백성들의 분하고 원통해하는 모습은 여호와의 선민이 아니라 목적을 상실하고 광야를 떠도는 당아새 판박이다. 당아새는 사막이나 광야의 황폐해진 성읍에 사는 조류로, 성경에서는 황폐한 모습이나 쓸쓸하고 한적한 곳을 묘사할 때 등장한다(시 102:6, 사 34:11). NIV 성경은 당아새를 '사막 올빼미'로 번역한다. 이스라엘 백성들은 사막의 올빼미로 처신하는 중이다. 올빼미의 눈은 정면으로만 고정되어 있어 거리 감각이 떨어지는데, 이를 만회하기 위해 고개를 끄덕이면서 사물의 거리를 측정하고 고개를 180도 이상 회전시키면서 주위를 살핀다.

지금 이스라엘은 하나님을 주목하지 않고 고개를 180도 이상 회전시키면서 사나운 원주민들의 기세등등한 모습만 보고 있다. 그래서 밤과 같은 상황으로 판단하고 사막 올빼미처럼 울고 있다.

6 장

진실은 다수결이 아니라 하나님께 있다

상황은 예기치 않은 방향으로 흘러갔다. 여호수아와 갈렙은 의분으로 옷을 찢었다(민 14:6). 히브리인들이 옷을 찢는 것은 극한 슬픔과 고통과 분노를 나타내는 행위이다(창 44:13, 스 9:5).

> "이스라엘 자손의 온 회중에게 말하여 이르되 우리가 두루 다니며 정탐한 땅은 심히 아름다운 땅이라 여호와께서 우리를 기뻐하시면 우리를 그 땅으로 인도하여 들이시고 그 땅을 우리에게 주시리라 이는 과연 젖과 꿀이 흐르는 땅이니라" 민 14:7-8

삼무아를 비롯한 열 명은 그 땅을 악평했지만 두 사람은 "심히 아름다운" "과연 젖과 꿀이 흐르는 땅"이라는 말로 가나안 땅에 최고의 호평을 한다. 그러면서 하나님을 굳건히 신뢰하기만 하면 우리의 소유가 될 것이 틀림없다는 확신에 찬 어조로 호소한다. 얼마나 희망적인 보고인가!

그러나 민심은 다수의 의견으로 쏠리고 있었다. 이제 그들에게는 옳고 그름의 문제가 아니다. 하나님이 약속하셨는가 하는 것도 문제가 되지 않았다. 소수보다는 다수가 옳다는 숫자주의에 빠져 버리고 말았다. 아무렴 두 명의 주장보다 열 명의 판단이 훨씬 정확하고 그만큼 정당성을 띠지 않겠냐는 것이다. 이스라엘 백성은 열 명의 의견을 전적으로 믿어 버리고 만다. 그들이 진정 '우리 편'이라 여긴다. 다수주의를 기본으로 하는 민주주의의 위험성이 드러나는 순간이다.

다수라는 덫에 걸려

자유주의 사상가 알렉시스 토크빌(Alexis de Tocqueville)은 《미국의 민주주의》(한길사, 2009)에서 "민주정치의 문제는 다수가 절대적으로 유리하다. 다수에게 저항할 수 있는 것은 아무것도 없다. 다수의 이름으로 법률을 만들고 감독하는 절대적인 권한을 갖는다"라는 말로, 다수의 전횡이야말로 민주주의의 위협 요소라는 점을 분명히 한다.

'대부분'을 의미하는 '다수'는 그 자체가 진실이라는 착각을 불러온다. 더 이상 사람들은 옳고 그름을 따지지 않고, 내 편 네 편으로 갈라져 편싸움을 일으킨다. 그러면서 대세를 우리 편 편향으로 몰아간다. 심리학자 키스 스타노비치(Keith E. Stanovich)는 《우리 편 편향》(바다출판사, 2022)에서, '내 편 네 편' '우리와 그들'을 가르는 편 가르기, 오직 '우리 편'만을 우호적으로 해석하고, 그 결점에 관대한 인간의 경향, 우리 편 편향에 대해 주목한다. 그는

"집단 정체성으로 귀결되는 이 편향의 저변에는 신념과 확신에 찬 세계관이 존재한다. 관점을 바꿔 보는 능력을 결여한 채 제 논에 물대기 식으로 상황을 해석하고, 팔이 안으로 굽는 식으로 애써 진실을 외면하는 우리의 본성은 스스로의 꾸준한 노력 없이는 개선될 수 없다"라고 말한다.

예일대학교 역사학과 교수 티머시 스나이더(Timothy Snyder)는 '소셜미디어를 통해 듣고 싶은 이야기만 들으려 하는 정치적 맹신의 강화'가 민주주의를 위협할 정도로 위험한 현상이라고 말한다. 알렉시스 토크빌도 이런 지적에 동의한다. 그는 앞의 책에서 "우리는 언론에서 보고 있는 모든 뉴스가 가짜 뉴스라고는 여기지 않는다. 오직 우리의 정적들에게서 나온 뉴스만이 가짜 뉴스라고 본다. 우리의 진실, 우리의 뉴스는 믿는다. 우리는 진실과 사실을 진정으로 소중하게 여긴다. 다만 그것이 우리의 견해를 지지해 줄 때만 그렇다. 우리 사회의 고통은 우리 편 편향 때문에 발생한다"고 말한다.

아무리 똑똑한 사람도 편을 가르면 편향이 시작된다. 그러면 점차 자기 확증에 고착되어 버린다. 자기 확증 고착은 확증 편향이다. 사실 여부를 떠나 자신의 견해에 도움이 되는 정보만 선택적으로 취하고, 자신이 믿고 싶지 않은 정보는 외면하는 성향이다. 다른 말로 자기중심적 왜곡이라 부르기도 한다.

부화뇌동하는 민중

열두 명 중 열 명이라는 다수는 무시할 수 없는 세력이다. 그들은 자기 확신에 가득 차 있다. 확신은 신념이 된다. 신념이란 어떤 사건이나 행위와 같은 환경적 자극에 대해서 각 개인이 갖는 태도로서 여간해서는 흔들릴 수 없다. 개인의 주장에다 다수의 힘까지 실린다면 막무가내일 수밖에 없다.

노벨 물리학상 후보자 귀스타브 르 봉(Le Bon, Gustave)은 군중이란 어리석고, 우매하고, 감정적이기 때문에 쉽게 부화뇌동하는 집단이라고 말한다. 그는 130여 년 전에 저술한《군중심리》(현대지성, 2021)에서 군중을 "의식을 지닌 개성은 사라지고 개인의 감정과 생각이 집단화되어 모두 같은 방향을 향하는 조직된 군중, 혹은 심리적 군중"이라고 정의한다. 더불어 귀스타브 르 봉은 "군중은 '논리'가 아니라 '감정'으로 판단한다"라고 못 박는다.

혼자서는 용감하게 나설 수 없는 일도 군중의 일원이 되면 달라진다. 개인은 다수가 부여하는 힘을 의식해 누군가 선동하면 금방 대중들과 휩쓸린다. 그래서 왕궁에 불을 지르거나 상점을 약탈하는 일들을 벌인다. 축구장에서 난동을 부리던 훌리건의 상당수는 소심한 시민들이었으며, 개인적으로는 나무랄 데 없는 성품과 학식을 갖춘 사람들이다. 이런 평범한 소시민들이 소속 집단의 편향된 여론에 휩쓸리면 어리석은 선택을 하기도 한다.

갈렙의 발언에 열 명의 지휘관들은 화가 났다. 자존심도 상했다. 갈렙이 모세의 후계를 노리고 있는 것인가, 모세의 눈에 잘 보이려 하는 속셈에서 저런 '생쇼'를 하는 것인가 하면서 색안경을 끼고 봤다. 그들은 '사실'을 지켜내야 한다는 각오로 갈렙을 깔아뭉개기 위해 왜곡된 사실을 전파했다. 적군인 상대방을 확대해석하면서 자신들을 아주 비하하는 비유를 한다. 우리가 보기에 그들은 대장부이고 이스라엘은 메뚜기 같다는 것이다.

이스라엘은 훈련된 정예 군사를 소유하지 못했다. 광야에서 급조된 향토예비군 정도였다. 무기조차 변변치 못한 비정규 군인들이 막강한 군사력과 방어벽을 구축하고 있는 가나안 원주민을 상대할 수 없는 것은 사실이다. 원주민들은 신장이 장대한 자들이다. 몸집만 아니라, 이스라엘 군대가 감히 대적할 수 없을 정도로 강한 군대요 족속들이다.

열 명의 정탐꾼은 가나안 원주민들을 "네피림 후손인 아낙 자손의 거인"으로 보았다. '네피림'은 노아 시대로부터 명성을 떨치던 포악한 거인 족이다. 그들의 신체적 특징은 무법자, 난폭꾼, 가해자 등의 도덕적 속성까지 암시한다. 사실 네피림이라는 용어는 노아 시대 외에는 나타난 적이 없다. 이스라엘 백성들이 광야에서 무찌른 바산 왕 옥(신 3:11)이나 블레셋 장수 골리앗(삼상 17:4-7)이 거인인 것은 사실이지만 네피림 정도는 아니다. 가나안 원주민들 모두가 골리앗처럼 장대한 체격을 가진 것도 아니었다.

그런데도 정탐꾼들은 입성의 불가능을 전제하고 있기에 과장될 수밖에 없었다. 그래야 백성들의 사기를 꺾고 애굽으로 돌아가든지 다른 방향에서 살 궁리를 찾을 수 있기 때문이다.

하나님께 모든 것을 거는 용기

열 명의 정탐꾼과 보고에 100퍼센트 동조해 버린 백성들에게서 우리 편 편향과 자기 확증의 모습을 본다. 갈렙이 아무리 진실을 외쳐도 다수의 논리에 빠져 버렸기에 귀담아듣지 않는다. 두 사람의 설득은 정곡을 찌르는 말이었지만 백성들은 이성을 잃고 격앙되어 그들을 돌로 치려 한다. 마치 스데반의 의로운 설교에 화가 났던 유대인들이 돌로 치는 모습과 같다(행 7:57-58).

위기였다! 하나님 앞에서는 열 명이 위기였고 백성들 앞에서는 두 사람이 위기였다. 상황에서 오는 위기, 지도자를 잘못 뽑은 데서 오는 위기, 지도자로 선택되었기에 직면하게 되는 갈렙의 위기였다. 소수의 의견을 지지할 때 치러야 하는 불가피한 위기 상황이었다.

오스왈드 샌더스(Oswald Sanders)는 《하나님의 학교를 졸업한 사람들》(나침판, 1985)에서 이런 상황에서 의연하게 처신했던 갈렙에 대해 이렇게 설명한다.

"… 그의 도덕적 용기는 순식간에 변하는 대중의 의견 가운데 거의 혼자서 자기 입장을 고수한 데서 두드러진다. 홀로 고립되는 것은 강한 사람만이 할 수 있는 일이다. 이것은 자연히 인기를 갈망하는 젊은 사람들에게 가장 어려운 시험 중의 하나이다. 때로 '모든 사람이 그 일을 할 때' 그것을 거스르기란 몹시 괴로운 일이다. 소수의 의견을 지지할 때 치러야 하는 불가피한 대가를 모든 사람이 다 기꺼이 치르고자 하지는 않는다. 불리한 신학 사조 속에 잘못된 침묵을 지키기는 너무 쉽다. 돌이 날아오는 가운데서 다수인 열 정탐꾼의 부정적인 보고를 반대하며 믿음의 태도를 유지하는 데는 육체적인 용기가 여간 필요한 것이 아니었다. 갈렙은 자기 생명을 구하기 위해 자신의 신념에 어긋나게 행동하도록 협박받기를 거부하였다. 그는 기꺼이 모든 것을 하나님께 걸었다."

이처럼 인생은 잘잘못과 관계없이 때로는 상황의 위기를 맞게 된다. 왜곡된 상황 판단으로 개인의 삶이 비틀거리고 교회가 혼란에 빠진다. 다수주의로 뽑힌 지도자 한 사람으로 국가 시스템이 위기에 빠지기도 한다. 문제는 상황이 아니라 그 상황을 어떻게 받아들이고 판단하는가이다. 우리는 '내 편의 생각이 그래서' '모두 그러니까' 하는 내 편 편향이나 다수결의에 맡기지 말고 상황을 하나님에게 맡기면서 살아갈 수밖에 없다. 갈렙처럼.

7
장

싸움의 기술은 시각이다

열두 정탐꾼은 자연환경 영역에서는 똑같이 긍정적으로 평가했지만, 원주민 영역에 대한 평가와 이로 인한 정세 판단에서 차이가 났다. 같은 환경, 같은 원주민, 같은 상황을 두고 왜 상반된 보고가 나왔을까. 과연 두 편은 뭐가 달랐을까.

인간의 눈과 하나님의 눈

우선, 열두 명은 믿음의 정도가 달랐다. 열 명은 하나님을 우선적으로 보아야 했음에도 땅을 먼저 봤다. 물론 가나안을 얻기 위해서는 군사력이 필요하다. 하지만 전쟁의 소관이 누구에게 있는가를 먼저 알아야 했다. 제비를 뽑든 군사들을 동원하든 차지할 영토에 대한 원리는 하나다. "너희는 내가 주어 살게 할 땅에 들어가서"(민 15:2). 가나안은 하나님이 이스라엘에게 주신(serve) 땅이다. 그 땅을 이스라엘은 받기만(receive)하면 된다. 어찌 보면 이런 쌍방관계에서 공을 던져 주는 사람은 갑, 받는 사람은 을이다. 공을 던져 주지 않으면 암만 좋은 위치에서 받을 준비를 하고 있어도 받지 못한다. 던져 주지 않는 공을 어떻게 받겠는가.

이스라엘은 전쟁이라는 방식으로 가나안 땅을 취하지 않아도 된다. 그 땅은 하나님의 계획 속에 의해 분배되어 있기에 이미 받고 얻은 것이다. 등기부를 받았다는 말이다. 그렇다면 그 땅은 비록 발을 디뎌 보지 않았더라도 이미 이스라엘의 소유지다. 열 명은 이 점을 놓쳤다. 그들은 하나님의 약속에 근거하지 않고 눈앞에 펼쳐진 상황만을 봤다.

'보이는 것'에만 의존하는 것은 위험하다. 보이는 것에 연연하면 보이지 않는 하나님의 약속을 놓쳐 버리고 만다. 이스라엘 백성들은 보이는 것에만, 들리는 것에만 집착했다. 하나님의 약속보다 열 명의 시각에 올인했다. 가나안을 전투해서 얻어야 하는 땅으로 보았기에 거인만 보인 것이다. '약속의 땅'을 제외해 버리니 '거주민을 삼키는 죽음의 땅'이라는 자기 확증에 빠져 버린다.

사람의 눈과 하나님의 눈, 어느 쪽으로 보겠는가. 성공과 실패가 갈리는 지점이 여기에 있다. 전투기 조종사들은 시각이나 직감을 의지하지 않는다. 그들은 계기판만을 확신한다. 기계가 가르쳐 주는 곳으로 방향을 돌리고 정확한 지점에 폭탄을 투하한다. 칠흑같이 어두운 밤에 감각으로 하늘이라 판단하고 기수를 올렸다가는 땅바닥으로 곤두박질한다.

우리 삶의 계기판은 하나님의 말씀이다. 내 판단이나 보이는 상황보다 하나님의 말씀을 믿어야 한다. 말씀의 선택권을 행사해야 한다. 감정이 뭐라고 하든 하나님 말씀에 반응해야 한다. 그래야 안전한 선택을 할 수 있다. 고대 그리스의 역사가 투키디데스는 "사람들은 겁이 나거나 의혹이 생길 때는 감정에 영합하는 논리에 잠시 귀가 솔깃하지만, 나중에 행동할 때가 되면 자신의 이해관계를 따르는 법이다"라고 말한다. 이스라엘은 가나안 입성 직전에 하나님의 약속보다는 정탐꾼들의 판단을 더 믿었고 그것은 이해관계를 따른 선택이 되었다. 결과는 가나안 입성 불가였다.

누구의 관점으로 보는가

열 명의 정탐꾼은 자신들을 거인과 비교했기 때문에 실패했다. 그들은 원주민 대장부들에 비하면 이스라엘은 메뚜기에 불과하다고 했다. 틀린 말은 아니었지만, 굳이 메뚜기를 자처할 필요까지는 없었다. 그러고 나니 집단적으로 메뚜기 콤플렉스에 걸리고 말았다. 상황에만 주목해 눈앞의 적들만 보았지, 이 땅이 어떤 땅이며 하나님이 누구에게 주신 땅인지를 놓쳤다. 가나안 땅은 계약적 의미를 지닌다. 조상 아브라함과 맺은 메시아의 약속도 바로 이 땅에 있는 계약을 통해 성취될 것이다.

다행히 갈렙과 여호수아는 가나안 땅 문제를 육신의 눈으로 읽어 낼까, 믿음의 눈으로 읽어 낼까 하는 갈림길에서 제대로 판독했다. 육신으로 판단하면 하나님의 신뢰를 잃게 될 것이고, 믿음으로 판단하면 백성들의 지지를 잃게 될 것이다. 위기 앞에서 갈렙은 가나안 거인에게서 눈을 돌려 하나님을 올려다본다. 그래서 희망적인 보고를 한다.

갈렙과 여호수아도 원주민이 거인이라는 사실은 인정한다. 그러나 그들이 나머지 열 명 정탐꾼과 달랐던 것은 '내가 누구인가?' 하는 정체성에 대한 관점이다. 두 명은 오히려 상대가 '밥'이라 규정한다. 유대인들은 자녀를 교육할 때 종종 다윗과 골리앗의 싸움을 예로 든다. 사울과 군사들에게는 골리앗이 너무 커서 상대가 안 되었지만, 물맷돌을 돌리고 있는 다윗의 눈에는 골리앗이 아주 컸기에 적중시킬 면적도 넓어졌다. 상대가 크면 전리품도 크게 되니 다윗은 더욱 신바람이 났다. 에릭 와이너(Eric Weiner)는 "상대방이 강해야만 싸움도 효과를 내는 법"이라고 말한다. 이처럼 정탐꾼들 간에는 관점과 해독의 차이가 있었다.

믿음은 안목의 문제이다. 어떤 관점으로 상황을 보고 상대를 보느냐가 핵심이다. 두 명에게는 눈에 보이는 사실보다 더 큰 것이 있었다. 하나님과 그분의 약속이다. 그들에게는 이것이 사실 자체이다. 내 눈으로 보면 원주민들은 거인이지만 하나님의 눈으로 보면 이스라엘에게 주신 밥에 불과하다. 이스라엘이 광야로 나온 것은 단순히 애굽에서 탈출하기 위해서가 아니다. 그들은 가나안에 들어가기 위해서 나왔다. 이런 확신이 열 명이 보지 못한 것을 보게 한 것이다. 갈렙과 여호수아는 해독 능력이 뛰어난 사람이다.

누구의 싸움인가

갈렙과 여호수아는 싸움의 구도를 '나와 너'가 아니라 '거인과 하나님의 싸움'으로 만든다. '상황과 나'의 싸움이 아니라 '상황과 하나님'의 대결 구도를 만들고 자신들은 비켜선다. 다윗도 같은 상황에 직면한 적이 있다. 전쟁터에서 골리앗을 상대했을 때다. 대부분 신학자들은 블레셋 장수의 신장을 2미터 이상으로 본다. 말콤 글래드웰(Malcolm Gladwell)은 《다윗과 골리앗: 거인을 이기는 기술》(김영사, 2020)에서 283센티미터 정도로, 김희보는 《구약 이스라엘사》에서 270센티미터로 계산했다. 또 그들이 걸친 갑옷 무게는 약 57.5킬로그램이었고, 창날이 약 7킬로그램이었을 것으로 추측한다. 그야말로 인간 병기다. 블레셋은 골리앗을 선봉장으로 내세워 베들레헴 능선을 확보해서 이스라엘 왕국을 동강 내려 했다.

이스라엘 백성들은 물론이고 사울과 병사들, 다윗에게도 골리앗은 위기 그 자체다. 골리앗은 그의 신들의 이름으로 다윗을 저주하고 조롱한다(삼상 17:43). 악담을 해댄 것이다! 골리앗이 이름으로 위협하자 다윗도 이름으로 맞선다. 그가 내세운 것은 여호와의 이름이다.

"… 너는 칼과 창과 단창으로 내게 나아오거니와 나는 만군의 여

호와의 이름 곧 네가 모욕하는 이스라엘 군대의 하나님의 이름으로 네게 나아가노라" 45절

다윗은 골리앗과 싸움을 군사적 관계가 아닌 신학적 문제로 보았다. 사람과 사람의 싸움이 아니라 참 신과 거짓 신의 싸움으로 보았다. 두 남자의 싸움이 아니라 두 신의 싸움이라는 사실을 분명히 했다. 전쟁은 하나님에게 속한 것이란 사실을 알았던 것이다. 그래서 사울이 갑옷을 내주지만 거절한다(39절).

사울은 전쟁을 무기나 전략의 문제로 보았다. 그래서 패했다. 그러나 전쟁을 신학적 문제로 접근한 다윗은 승리했다. 여호와의 이름이 이긴 것이다. 다윗은 그길로 영웅이 된다. 골리앗이 사울과 군대에는 위기였지만 다윗에게는 영웅으로 만들어 준 기회였다. 다윗은 골리앗을 죽인 것만 아니라 골리앗의 신들을 이겼다. 그러니 평생 골리앗이라는 이름을 잊었겠는가. 다윗에게 골리앗은 하나님의 능력을 체험하게 한 이름이요, 영웅으로 만들어 준 기회의 이름이었다.

갈렙에게 가나안이 그랬다. 갈렙과 여호수아는 백성 앞에서 그들과 싸울 게 뭐 있느냐고, 출애굽도 우리가 한 일이 아니고 매일의 양식도 우리가 만든 것이 아니지 않느냐고, 아말렉도 여호수아의 무기보다는 기도하던 모세의 손에서 오는 하나님의 능력으

로 물리치지 않았느냐고 강조한다. 그러니 광야에서처럼 가나안에서도 하나님에게 맡기고 구경만 하면 된다고 주장한다. 그들에게는 이런 확신이 있었다. 그래서 다수의 주장에 휘둘리지 않고 위기를 돌파할 수 있었다.

이기는 상상으로 두려움을 극복한다

두 명의 정탐꾼은 상상력에 있어서도 남달랐다. 열 명은 이미 패하는 상상력을 동원했다. 그러니 메뚜기 타령이다. 그러나 두 명은 이미 이기는 상상을 했다. 이기시는 하나님을 떠올리니 당연히 이기는 상상이 그들을 사로잡았다. 상상력에서 이기니 싸움에서 이긴 것이다.

공포라는 감정은 뇌의 측두엽 전방 안쪽에 위치하는 편도체와 밀접하게 연관이 있다고 한다. 자극이 편도체에 전달될 때 우리는 공포를 느낀다. 그런데 우리가 이기는 상상을 하면 두려움을 극복할 수 있다. 패하는 상상을 하던 사울은 두려움에 빠져 골리앗을 보는 순간 오금이 저려 주저앉아 버렸다. 이론물리학자 알버트 아인슈타인은 "지식보다 중요한 것이 상상력"이라고 했다. 어떤 상상력을 갖느냐에 따라 행동이 나오고, 행동에 따라 성패가 결정된다. 두려움은 이기는 상상력으로 물리칠 수 있다.

사탄은 우리를 공격하기 전에 먼저 심리적인 방법으로 접근한다. 하찮은 일에도 두렵게 한다. 욥조차 "내가 두려워하는 그것이 내게 임하고 내가 무서워하는 그것이 내 몸에 미쳤구나"(욥 3:25)라고 탄식했다. 너무 지쳐 있어 어려움이 임하기도 전에 어려움에 대해 상상했고, 그 결과 두려워하게 되었다. 어떤 것을 두려워한다는 것은 그것을 받아들였음을 뜻한다. 두려움은 사탄의 호출카드이다. 호출 카드를 받아들이면 사탄이 즉시 온다. 사탄은 실제적인 어려움을 보내기 전에 상상의 두려움을 먼저 보낸다. 그러기에 이기는 삶을 살아가려면 사탄의 두려움 호출 카드를 받아들이지 말고, 이기는 상상력으로 두려움을 쫓아 버려야 한다. 두려움은 자체가 가진 힘보다 더 크게 우리를 협박한다. 그러기에 이기는 상상력을 하면 두려움은 힘을 못 쓴다.

예수님은 세상을 이기신 분이다(요 16:33). 세상 끝날까지 항상 함께해 주신다(마 28:20)고 약속하셨다. 우리는 예수님이 이겨 놓으신 전투의 뒤처리를 하고 있는 것이다. 주님은 우리에게 패잔병 소탕을 명하셨다. 패잔병과 싸우는 정규군의 토벌 작전은 당연히 이기는 전쟁이다. 그러기에 이기는 상상력으로 전투해야 한다. 상상력은 결국 이미 이겨 놓은 전투를 시작하는 안목의 문제이다. 그만큼 상황의 위기에서 안목의 힘은 아무리 강조해도 지나치지 않다.

눈으로 들어오는 상황들은 사실적이거나 진실적인 것도 있다.

희망의 상황을 펼칠 수도 있다. 반대로 신기루가 착시현상을 일으켜 우리에게 공포의 대상이 되기도 한다. 상황에 쉽게 농락당하지 않으려면 바로 현실을 제대로 보는 눈을 가져야 한다. 제대로 된 관점에서 제대로 보아야 상황들이 제 모습을 드러낸다. 상황은 눈이 아니라 마음으로 보는 것이다.

열 명과 두 명의 정탐꾼 간의 차이는 상황을 보는 '사실의 눈'은 같았지만, 위에서 아래를 내려다보는 '믿음의 눈'에서 차이가 났기에 운명이 갈릴 수밖에 없었다. 그래서 청년기에 찾아온 특별한 선택이 누군가에게는 위기가 되고 누군가에게는 기회가 되었다. 위기는 사람을 드러낸다. 오스왈드 샌더스는 사도행전 27장을 설명하면서 "배가 파선되기까지는, 바울은 단지 '죄수 중의 한 사람'에 불과했다. 위기가 오자 그는 이론의 여지없이 그 상황의 '지도자'가 되었다"라고 말한다.

상황의 위기는 열두 명 후계자급 리더 중 열 명을 자동으로 탈락시켰다. 반면에 갈렙은 지도자의 반열로 올라선다. 갈렙은 여호수아와 함께 가나안 입성을 보장받는다. 인생의 위기가 있었기에 명실상부 차세대 리더가 된다. 이것이 위기가 불러오는 기회이며 선물이다.

8
장

말에는 권세가 있다

모세와 아론, 그리고 두 정탐꾼을 제외한 백성들은 일제히 소리 높여 부르짖으며 밤새도록 통곡한다. 부르짖는 소리와 통곡은 하나같이 부정적인 사고와 언어였다. 태초에 하나님의 언어는 창조의 언어요 생명의 언어였다(창 1장). 하나님이 말씀하시는 대로 우주는 생겨나고 만물이 생성되었다. '하나님이 보시기에 좋은' 세상은 언어를 통해 이루어졌다. 하나님의 말씀은 그 자체가 생명의 언어였다.

그런데 이스라엘은 선민이라 자처하면서 지금 하나님의 언어가 아닌 죽이는 말을 쏟아 내고 있다. 죽이는 말로 스스로를 죽이고 있다. 죽은 말이 말(馬)이 되어 그들을 죽음의 계곡으로 이끌어 갔다. 그들이 함부로 떠들어 대는 말들은 이런 것이었다.

"차라리 이 광야에서 죽는 것이 낫다! 애굽에서 죽었으면 이 고생은 하지 않았을 텐데."

"하나님은 어찌하여 우리를 가나안으로 끌어들여 원주민들 손에 죽게 하는가."

"우리도 살길을 찾아 보자. 지휘관을 교체해서 애굽으로 돌아가자."

백성들의 기억이 조작되고 있다. 일전에는 "애굽에 있을 때에는 값없이 생선과 오이와 참외와 부추와 파와 마늘들을 먹은 것이 생각나거늘"(민 11:5) 하며 원망했었다. 사정을 모르는 사람이 들었다면 이스라엘이 애굽에서 상류층 생활을 한 줄 착각할 것이다. 출애굽 직전 이스라엘 백성은 고된 노동으로 탄식하며 부르짖고 있었다(출 2:23). 사내 아기들은 죽임을 당하는(1:16) 땅의 지옥을 체험했다. 그랬는데 '값없이 생선과 오이와 … 마늘들을 먹은 것'이 생각났다니. 기억 조작이 아니고 무엇이겠는가.

조작된 기억에 속지 마라

기억 조작은 없는 기억을 만들거나(오인), 기존의 기억을 지우는(망각) 행위이다. 기억을 만들거나 지우는 것은 생각보다 쉽다. 심리학적으로 유도하면 없는 기억이 생성된다. 이게 바로 '오기억'(false memory)이다. 파란불 신호가 켜진 사진을 보여준 후 "빨간불 신호가 켜진 이 사진에서"라는 말을 덧붙이며 불빛과는 관련 없는 질문을 하면 분명 파란불을 봤음에도 십중팔구는 빨간불이라 믿는 상황이 벌어진다. 군중심리로 흥분된 백성들은 '기억 조작' '거짓 기억' '기억 왜곡'에 빠져 애굽을 '젖과 꿀이 흐르는 땅'으로 착각하고 돌아가자 선동한다.

이스라엘 백성들은 모세를 탄핵하고 애굽 복귀 주의자로 지도

부를 교체하자는 목소리를 내기 시작한다. 처음에는 수군거리더니 활화산처럼 일제히 한 목소리를 낸다. 군중심리이자 선동의 힘이다. 귀스타브 르 봉은《군중심리》에서 "비현실적이고 강렬한 언어에는 군중의 마음을 사로잡는 놀라운 힘이 있다"라고 말한다.

이스라엘 백성들이 집단적인 기억 조작에 빠지게 된 이면에는 배후에서 조직적으로 선동하는 세력이 있었다. 모세 집안이 정치, 행정, 종교, 사법 등을 독식한다고 불만을 품은 세력이다. 그들은 모세 남매 그룹이 권한을 독점하는 상황이 못마땅했을 것이다. 다음에는 혈통을 중시하는 세력이다. 그들은 갈렙처럼 비주류가 왕통 유다 지파의 정탐꾼 대표로 활약하는 것에 비위가 상했다. 언제부터 잡탕들이 설치게 되었느냐며 불만을 드러냈을 법하다. 애굽에 연고가 남아 있거나 돌아가도 먹고살 무언가 있는 세력이 합세한다. 그들은 모세의 출애굽 행진에 합류는 했지만 일이 돌아가는 꼴을 보니 가나안 정복은 어림도 없고 자신들의 잘못된 선택에 후회막급이다. 그래서 이참에 자연의 혜택으로 풍부한 애굽으로 돌아가자며 선동하고 있다.

여기에 잡족들(출 12:38)도 군중심리의 한 역할을 맡았을 것이다. 잡족은 종종 타국인(19절)으로도 기록된다. 그들은 결혼이나 직업 등의 이유로 이스라엘의 일원이 되었거나 이적과 기사를 목도하고 출애굽에 가담했던 자들이다. 나일강 삼각주 지대에 거주하던 다른 셈족들과 일부 애굽인들도 여기에 포함된다. 이스라엘이 고단한 광야 행진을 할 때 고기가 없다고 불평해 온 백성을 시험에 들게 한 적도 있다(민 11:4). 이처럼 여러 세력이 은근슬쩍 불평불만을 늘어놓으며 애굽 귀환을 부채질했을 것이다.

이스라엘 백성들 사이에 혼재된 세력이 이해관계에 따라 뱉어내고 있는 말들과 은밀히 선동하는 구호들은 거짓말이다. 거짓말은 뿌리 없이 허공을 떠돌다 연기처럼 사라질 것 같지만, 그건 거짓말의 힘을 모르는 이야기이다. 아프가니스탄 출신 작가 할레드 호세이니(Khaled Hosseini)는 《연을 쫓는 아이》(현대문학, 2020)에서 거짓말이란 "네가 거짓말을 하면 그것은 진실을 알아야 할 다른 사람의 권리를 훔치는 것이다. 네가 속임수를 쓰면 그것은 공정함에 대한 권리를 훔치는 것이다"라고 한다.

인류의 시작점에서 하나님에게 대적하던 말은 대부분이 거짓말이다. 사탄은 하와에게 선악과를 따먹으면 하나님처럼 된다(창 3:5)면서 그를 속였고, 가인은 동생을 죽여 놓고 내가 동생을 지키는 사람이냐(창 4:9)고 거짓말로 둘러댄다. 때로는 '믿음의 아버지들'인 족장들조차 거짓말을 한다. 아브라함도(창 12:12, 20:2), 이삭도 거짓말을 했다(창 26:7).

사탄은 거짓말 선수다

사탄이 아담을 유혹할 때에 협박보다 거짓말을 동원한 것은, 거짓말이 '인간이 가진 최고의 능력'이기 때문이다. 독일의 대표적인 긍정심리학자 우테 에어하르트(Ute Ehrhardt) 부부가 공저한 《거짓말의 힘》(청림출판, 2013)은 '거짓말은 나쁘다'라는 우리의 고정관념을 깨고 거짓말의 유용성과 놀라운 힘에 관해 이야기한다. 저자는 책에서 거짓말이야말로 인간이 가진 최고의 지적 능력이라는 점을 강조하며, "전략적인 거짓말이 자존감을 높이고 삶을 풍요롭게 만든다. … 원하는 것이 있다면 거짓말을 해라!"고 주장한다. 그들은 또 이렇게 말한다.

"거짓말은 인간적이다. 거짓말은 매혹적이다. 거짓말은 쓸모가 많다. 그러므로 우리는 거짓말의 유혹을 뿌리칠 수 없다. 의식적이든 무의식적이든 모두가 진실을 왜곡한다. 모두가 거짓말을 한다. 거짓말은 최고의 지적 능력이다. 이 능력이 없으면 사회생활이 어렵다. 거짓말은 삶의 일부이고 소통의 필수 요소이며 갈등을 없애고 성공을 도우며 모순처럼 보이는 우리 내면의 충동들이 공존하는 것을 돕는다. 거짓말은 삶을 더욱 행복하게 한다."

물론 책에서 다루는 것은 일상의 소소한 거짓말이다. 허위, 의도적인 생략, 절반의 진실도 포함된다. 단, 남에게 큰 손해를 끼치는 속임수나 사기 행각은 이 책이 말하는 거짓말에 속하지 않는다. 그러므로 거짓말은 양념 구실만 해야지 결코 음식 자체가 되어서는 안 된다고, 그 정도의 도덕은 지켜져야 한다는 점을 강조한다.

그런데 그게 쉬운 일이 아니니다. 그 정도로는 승부를 걸 수 없는 사람들이 있다. 선동가들에게 거짓말은 강력하고도 가장 효과적인 무기로 사용된다. 거짓말을 하는 자가 누구냐에 따라 그 힘은 더욱 세력을 얻는다. 열 명이 순식간에 백성들을 선동할 수 있었던 기술은 거짓말이다. 저들은 사실을 말한다면서 백성들의 지지를 얻기 위해 과장을 넘어 거짓말을 동원하고 아예 거짓말쟁이로 전락한다. 지파별로 대표자 신분이기에 거짓말 역시도 권위와 힘을 얻는다. 그래서 순식간에 백성들 전체를 자기들이 원하는 방향으로 움직이게 하는 데 성공한다. 참말이었다면 이렇게 빠른 효과를 얻지 못했을 것이다. 거짓말이 갖는 힘이다.

사상가, 선동가들에게 거짓말은 둘도 없는 무기이다. 공산주의 이론을 발전시킨 소련 공산당 창시자 블라디미르 레닌(Vladimir Lenin)은 공산주의 집단에서는 칼 마르크스(Karl Marx) 이후 가장 위대한 공산주의 이론가인 동시에 뛰어난 혁명 지도자로 추앙을 받는다. 그가 남긴 어록을 보면 이런 말들이 있다. "목적은 수단을 정당화한다. 혁명을 위해서는 거짓말을 해도 괜찮다." "거짓말은 혁명을 위한 가장 강력한 수단이며, 거짓말을 백 번 하면 참말이 된다." "거짓말을 창조하지 못한 자는 위대한 혁명가가 될 수 없다." "거짓말은 클수록 좋다." 선동가들이 거짓말을 얼마나 전술적인 무기로 사용하고 있는지 알 수 있다.

이것이 거짓말이 주는 달콤함이며 진실을 오도하는 전략이다. 우테 에어하르트도 위의 책에서 유명한 만화가 빌헬름 부쉬(Wilhelm Buschs)의 말을 인용한다. "일인자는 때때로 거짓말을 할 수밖에 없고 가끔은 기꺼운 마음으로 거짓말을 한다."

열 명이 처음부터 대놓고 거짓말을 한 것은 아니다. 거짓말이기보다는 과장이었다. 그러나 과장은 거짓말이라는 옷을 입으며 눈덩이처럼 더 큰 거짓말로 조작되면서 백성들을 집단 최면으로 몰아간다. 거짓 선동에 속은 백성들은 자포자기 상태에서 밤새도록 울부짖으며 모세를 따라 나왔던 그 시작점을 후회하고 있다. 할레드 호세이니(Khaled Hosseini)의 말처럼 "거짓말로 위안을 얻느니 차라리 진실에 의해 상처를 받는" 편을 선택해야 했는데, 이스라엘 백성들은 그러지 못했다. 하와에게 거짓말을 하던 사탄이 회심의 미소를 지을 광경이다.

긍정적으로 생각하라

거짓말에 선동된 군중 사이에서 서서히 부정적인 사고가 형성된다. 인간은 대체로 16세가 될 때까지 17만 3,000번의 부정적인 말을 듣고 산다고 한다. 사실이라면, 개인차는 있겠지만 하루에 평균 30회 정도 부정의 말을 듣는 셈이다. 물론 각자 처한 상황에 개인차는 있다. 이에 비해 16세까지 듣는 긍정적인 말은 1만 6,000번으로, 하루 3회 꼴이다.

사람의 뇌는 한 번 부정의 말을 입력해 넣으면 그 말을 중화시키기 위해서 40번의 긍정적인 말을 들어야 한다. 40번을 씻고 또 씻어 내야 사고가 긍정적으로 돌아온다는 것이다.

이런 수치로 계산해 보면 하루에 40회의 부정의 말을 들은 사람은 하루에 1,600번의 긍정적인 말을 뇌로 전달해야 한다. 수치적 계산으로는 아예 불가능한 일이다. 그런 노력을 하느라 고생하느니 아예 입력하지 않고 사는 것이 훨씬 삶을 풍성하게 하는 비결이다.

워싱턴대학교의 심리학 명예교수 존 가트만(John Gottman)은 "결혼을 유지하기 위해서는 부부 사이에 부정적인 반응이 하나 있을 때마다 긍정적인 다섯 개의 반응이 있어야 한다"라고 말했다. 긍정적인 대화와 부정적인 대화의 비율이 5대 1 이하로 떨어지면 결혼생활에 금이 가기 시작하는데, 존 가트만은 이를 '마법의 비율 5:1'이라고 말한다.

유명한 팟캐스트 진행자이자 인기 강연자인 제니 앨런(Jennie

Allen)은 《당신의 머릿속에서 나오라》(두란노, 2021)에서 18개월 동안 부정적인 생각에 사로잡혀 어려움을 겪었던 이야기를 털어놓는다. 저자는 일상생활과 사역 가운데 일어났던 문제들을 나열하고 하나님(말씀)과 함께 생각의 파도(서핑)를 타 유해한 생각의 소용돌이 속에서 어떻게 빠져나왔는지, 그 길을 알려 준다. 그는 "우리를 괴롭히는 질병 대다수가 부정적인 생각의 직접적인 결과이다"라고 말한다.

미국 새들백교회의 담임을 역임한 세계적인 복음주의 목회자 릭 워렌(Rick Warren)은 이런 말을 했다.

"우리 교회가 지속적으로 성장하는 이유는 긍정적인 삶의 태도를 가진 교인들 때문입니다. 우리 교회는 좋은 소식만 강조합니다. 하나님은 좋은 분이며 하나님 앞에서는 좋은 소식만 들어야 합니다. 좋은 소식만 들어야 긍정적이고 낙천적인 사람이 됩니다. 이런 삶의 태도를 가진 사람들이 행복하며 성공합니다."

혀가 화를 끌어들인다

부정적인 태도나 언어는 사탄의 관점을 지닌, 사탄의 언어이다. 불신앙의 언어는 위험하다. 하나님의 자녀로 사는 의미를 본질적으로 거스른다. 치명적인 혀, 말, 입의 죄들을 청산하지 않으면 이스라엘 백성들처럼 위기의 상황에서 죄성을 드러내게 된다. 그것은 자멸의 길이다. 백성들의 부정적인 사고와 언어를 듣다 못해 하나님이 이렇게 선언하신다.

> "… 너희 말이 내 귀에 들린 대로 내가 너희에게 행하리니" 민 14:28

이스라엘 백성들이 "우리가 애굽 땅에서 죽었거나 이 광야에서 죽었으면 좋았을 것을"(2절) 했더니 하나님은 귀에 들린 대로 그들을 죽게 두셨다. 반대로 갈렙과 여호수아가 "원주민들은 우리 밥이라"고 했더니 원주민들과 땅을 밥으로 내주셨다. 갈렙과 여호수아에게는 입이 복을 불러오고 열 명과 백성들에게는 혀가 화를 끌어들였다. 그러기에 말에는 죽고 살게 하는 생명과 사망의 권세가 들어 있다. 그만큼 그릇된 언어 사용은 인생의 위기가 되지만 선한 말은 위기에서도 공동체를 살리는 힘이 된다.

고인이 된 이어령 선생과의 대담에서 김지수가 "언어가 틀에 갇히면 사고도 틀에 갇히겠군요?"라고 묻자, 여러 이야기 끝에 선생은 이렇게 조언한다.

> "뜬소문에 속지 않는 연습을 하게나. 있지도 않은 것으로 만들어진 풍문의 세계에 속지 말라고. 스스로에게 묻고 또 물어 진실에

가까운 것을 찾으려고 노력해야 하네. 그게 싱킹맨(thinking man)이야."(《이어령의 마지막 수업》 열림원, 2021)

셰익스피어는 "좋고 나쁜 것은 없으며 생각이 그렇게 만들 뿐이다"라고 말한다. 갈렙은 죽은 언어를 사용하지 않고 살리는 언어를 사용했다. 살리는 언어에는 사람을 살리는 힘이 있다. 하나님 백성들의 입에서도 죽이는 언어를 살리는 언어로 만들어야 한다. 부정 언어를 긍정 언어로 바꾸어야 한다. 언어의 권세로 사람을 살리고 용기를 주는 일에 내 혀를 사용해야 한다. 갈렙처럼.

3부 중년 갈렙, 지독한 2인자의 굴레

9장

무명의 40년을 어떻게 견뎠을까

갈렙의 생애를 추적하다 보니 정탐꾼 일화 하나로 그를 너무 쉽게 영웅시해 왔음을 알게 되었다. 물론 갈렙은 용사이면서 모범 시민이다. 어떤 상황에서도 정도를 걸었고 승승장구의 삶을 살았다. 행복한 인생을 살았던 사람, 성공적으로 사역을 마친 위인으로만 여겼다. 그러나 승승장구라는 말은 갈렙의 생애를 잘 몰랐을 때 하는 말이다. 갈렙의 광야 40년을 무시하고 단편적인 몇 이야기들만 읽다 보니 힘들었던 세월은 외면하고 있었다. 갈렙의 생애 전체에서 성공과 영광은 절반에 불과했고 나머지 절반은 광야에서 옆으로 비켜선 자로 살아야 했던 무명의 세월이었다. 하루하루가 시험에 드는 시간이다.

갈렙은 지도자 반열에 일찍, 그것도 화려하게 입문했다. 암묵적 경쟁자이던 열 명의 정탐꾼이 추락하던 순간에 갈렙은 여호수아와 함께 찬란한 조명을 받으며 등단했다. 지금까지 갈렙은 무명 신인에 불과했다. 여호수아는 모세의 눈에 들어 일찍 이름을 알렸지만 갈렙은 달랐다. 그에게는 혈통에서 오는 인맥도, 내세울 만한 족보도 없다. 후광이 되어 줄 만한 가문의 배경도 약했다.

그런데 골리앗을 물리쳐 하루아침에 국민 영웅으로 등극했던 다윗처럼 갈렙도 온 이스라엘 앞에 단번에 이름을 알렸다. 여호수아보다 더 강경하게 가나안 정복을 역설하던 용맹은 모세를 비롯한 족장들, 두령들, 젊은이들, 백성들에게 강한 인상을 심어 주었다. 여기서도 갈렙, 저기서도 갈렙이다. 이제 갈렙의 시대가 왔다. 갈렙의 앞날에 탄탄대로가 열린 것이다. 1인자가 아니면 2인자가 될 텐데 그나스 후손으로 그만하면 최고의 자리에 오른 셈이다.

그러나 삶이 누군가에는 야박하게 굴기도 한다. 그날 이후 광야 40여 년 동안 갈렙은 반짝 빛나고 더 이상은 주인공 무대에 오르지 못하는 단역배우처럼 성공에서 멀어져 살았다. 그만한 공훈을 세웠으면 모세의 좌우에서 여호수아와 쌍벽을 이루는 활약상을 보여 주든지 최소한 유다 지파의 공적인 수장 역할을 해야 했다. 하지만 갈렙의 이름은 이상하리만큼 광야의 기록에 등장하지 않는다. 갈렙은 자그마치 40여 년 동안 사라져 버렸다.

유다 지파의 수장도 못 되고

유다 지파의 수장은 그제나 이제나 암미나답의 아들 나손이다(민 1:7). 나손은 유다의 5대손으로, 모세를 도와 유다 지파의 인구 조사를 책임졌을 정도로 40여 년 실권을 쥐었던 수장이다(민 2:3, 10:14). 집안 배경도 탄탄하다. 대제사장 아론의 아내 엘리세바와 남매지간이며(출 6:23), 여리고성 출신 라합과 결혼한 살몬의 아버지이고, 룻과 결혼한 보아스의 할아버지이다. 다윗과 예수까지 이르는 왕통 계보, 메시아 계보를 이어 주는 고리 역할을 했다(대상 2:11-15, 마 1:4-6, 16). 손자 보아스는 '유력한'(룻 2:1) 자로 소개된다. 재산이 많은 부자나 용사이다. 보아스의 부와 용맹은 자수성가보다는 가문에서 내려오는 재산과 명예의 결실로 보는 것이 자연스럽다. 이스라엘 최대의 명문가인 모세와는 사돈지간이면서 아론과는 매형과 처남 관계이다.

이스라엘이 행군할 때의 선두주자는 유다, 잇사갈, 스불론 지파이다(민 1:26-31). 실질적으로 행군 대열에 선봉을 이룬 것은 '여호와의 언약궤'(민 10:33)지만 나손이 언약궤 바로 뒤에서 이스라엘을 이끄는 선봉장 역할을 했다. 여기에 밀려 갈렙은 주연급이 되지 못한다. 정탐꾼 역할이 위험한 임무였기에 나손은 몸을 사리고 갈렙을 대신 내세운 것이었을까. 그래서인지, 갈렙에 대한 기록은 행적과 업적에 관한 것은 없고 다만 온전히 하나님을 따랐다는 구절밖에 없다(민 26:65, 32:12 참조).

반면에 여호수아의 행적은 계속 나타난다. 여호수아의 이름이 등장한 것은 출애굽기에서다. 정탐꾼 일원으로 나섰던 기록 이전부터 그의 행적들이 나온다. 이스라엘은 르비딤에 이르렀을 때 아말렉의 공격을 받는다(출 17:8). 아말렉은 에돔 부족에서 갈라져 나와 시내 반도를 중심으로 세력을 뻗으며 유랑하던 유목민들이다(창 36:11-12). 사납고 용맹한 기동력을 무기로 팔레스틴 남쪽 광야에서 시내 반도 사이를 배회하며 약탈을 일삼았는데, 오래도록 이스라엘을 집요하게 괴롭혔다. 르비딤에서 백성들이 피곤할 때에 특히 뒤쳐진 약자들을 쳤던 일을 계기로, 하나님은 비겁하고 괘씸한 그 이름을 천하에서 도말하라고 명하셨다(신 25:18-19).

여호수아에게 밀리고

여호수아는 정탐 보고대회가 끝난 즉시로 아말렉과의 전투에서 백성들에게 선을 보인다. 모세로부터 군사 선발권을 위임받았다는 사실은 신실한 믿음과 용기를 지닌 지도자로 인정받고 있었음을 보여 준다. 모세가 신정 이스라엘의 기틀을 마련한 정치 지도자라면, 여호수아는 전형적인 군인으로 가나안 족속을 정복하는 데 큰 공을 세운 지휘관이다.

아말렉 전투에서 여호수아는 크게 승리했다. 아론과 훌은 기도하는 모세의 손을 높이 받쳐 들어 승리를 도왔다. 이쯤 되면 갈렙 이름이 나올 만도 한데 없다. 대신 훌이 나온다. 유다 지파이며 성막 건축가 브살렐의 조부이다(출 31:2, 대상 2:19). 모세가 십계명을 받으려 시내산으로 올라갈 때 아론과 훌에게 뒷일을 부탁한 것을 보면(출 24:14), 훌은 유다 지파를 넘어 이스라엘 백성들 사이에서 모세를 도와 주도적인 역할을 했던 장로 신분이다. 유대 역사가 요세푸스는 미리암의 남편으로 추측하지만(호크마주석) 신빙성은 없다.

갈렙은 아말렉과의 전투에 분명 참전했을 것이다. 그와 같은 용장이 후방에서 관망이나 하지는 않았을 것이다. 분명 그는 지휘관 중 한 명이었겠지만 특별한 임무는 주어지지 않았다. 전투 중심에는 여호수아가 있었다. 모세가 십계명을 받느라 행진을 멈추었을 때 동행자는 여호수아였다(24:13). 산에서 내려올 때 백성들의 금송아지 광란을 모세와 함께 목격한 이도 여호수아였다(32:17). 엘닷과 메닷이 모세의 지도나 중재 없이 개인 거처에서 예언한 것을 모세에게 고해 주기를 바라면서 찾아간 사람도 여호수아였다(민 11:28). 모세가 신명기를 끝내고 노래하는데 그때도 여호수아와 함께했다(신 32:44). 이처럼 여호수아는 요소요소에 등장한다. 정탐꾼 일원 이전이나 이후에도 항상 모세의 근거리에 있으면서 40년 동안 충실한 시종이자 참모요 대리자로 활약했다.

갈렙의 광야 40년에는 이런 기록들이 없다. 아예 이름이 사라져 버린다. 요단강을 목전에 두고 모세가 땅을 분배했을 그제야 유다의 대표로 재등장한다.

"너희는 또 기업의 땅을 나누기 위하여 각 지파에 한 지휘관씩 택하라 그 사람들의 이름은 이러하니 유다 지파에서는 여분네의 아들 갈렙이요" 민 34:18-19

행적이 사라진 광야 40년이 갈렙에게는 정탐꾼 시절보다 더 큰 위기였을 수 있다. 정탐꾼의 위기는 며칠만 잘 참으면 되었다. 비교적 짧은 기간이었다. 그러나 무명 내지는 조연으로 살아야 했던 광야 시대는 무려 40년이다. 백성을 상대함에는 여호수아에게 밀리고 지파에서는 나손에, 거기다 훌에까지 밀려 두각을 나타내지 못했다. 이런 상황이 오래 지속되면 중년의 남자들은 더욱 의기소침해지고 삶이 시들해진다.

갈렙은 행동파이다. 군대를 이끌고 적진을 향해 달리고 퇴각하는 적들을 쫓아가는 용사이다. 현실은 그렇지 못했다. 남들이 보면 걱정거리 없는 이런 세월을 '편안하게 보냈다' 하겠지만 전혀 편치 않았을 것이다. 잘 나가는 여호수아를 보며 부러움과 시샘이 싹틀 수 있었다. 끊임없는 초조함과 조바심도 갈렙의 평정심을 흩트려 놓을 수 있었다. 화려하게 데뷔를 했기에 평범한 일상은 그를 괴롭혔을 것이다. 그렇게 갈렙은 무력한 중장년기를 지나고 있었다. 그런데도 광야를 마감하면서 모세가 갈렙에 대해 내린 평은 '매우 우수'이다.

"오직 여분네의 아들 갈렙은 온전히 여호와께 순종하였은즉 그는 그것을 볼 것이요 그가 밟은 땅을 내가 그와 그의 자손에게 주리라 하시고" 신 1:36

가데스 바네아에서의 갈렙의 언행만을 두고 하는 말이 아닐 것이다. 비록 여호수아나 유다 지파의 족장 나손에 밀려 선두주자로 맹활약을 못 하고 조연의 역할을 감당했지만, 기록에서 사라진 광야 행진에서도 갈렙은 '온전히 여호와께 순종'한 용사였다. 무료한 일상에서 건조할 수도 있는 시간을 지켜 내려면 어떤 전쟁보다 의지와 인내가 요구된다. 갈렙은 남이 가는 길을 구경하면서 가는 사람이 아니다. 비록 스포트라이트를 받은 길이 아니라도 묵묵히 자기 길을 걷는 사람이다. 그래서 그를 변함없이 '용사'라고 표현하고 있다.

사람들은, 치열한 삶에서는 자신을 드러내며 헌신하기 쉽다. 사실 힘든 것은 특별한 역할을 맡지 않았음에도 온전을 지켜 내는 일이다. 삶이 안일해지면 마음도 안일해진다. 이럴 때 몸도 생각도 늙어 버린다. 그래서 노년기에 들어서면서 잔소리꾼이 되고 일꾼보다 일감 노릇을 하게 된다. 중장년 관리를 제대로 못 한 노년에게서 나타나는 추레함이다.

눈에 띄는 자리는 아니지만

다윗이 그랬다. 전쟁터에서 다윗은 용맹했다. 오직 하나님의 얼굴만 구했고, 하나님 마음에 합한 자로 살면서 승승장구했다. 정작 위기는 편안했을 때 찾아온다(삼하 11:23). 다윗은 전시에 낮잠을

자고 일어난다. 한낮의 더위를 피하기 위한 풍습이지만 군대가 전쟁을 치르는 상황에서 현명한 왕이 보여 줄 모습은 아니다. 그런 한가로움이 일생일대의 수치를 안겨 주는 죄의 순간이 되었다.

갈렙은 오랜 변방 생활 중에도 끝까지 온전함을 지킨 사람이다. 남들이 알아주든 말든 내 할 일을 묵묵히 해낸 사람이다. 중년은 이름이 어느 정도 알려지고 자기 역할에 무게가 생기기를 바라는 시기이지만, 갈렙은 원하는 만큼의 대접과 혜택을 누리지 못했다. 그럼에도 갈렙은 40여 년 동안 묵묵히 주어진 일을 감당했다. 지금 자신이 하는 일들을 최선이라 생각했다.

예술기획자 신수진은 "밥짓기의 숭고함"에서 이렇게 말한다.

> "지금 반복하고 있는 일에 대해 스스로 어떤 의미를 부여하느냐에 따라 나의 가치가 정해진다. 세상을 구하는 일은 새로 뽑은 정치인들에게 잠시 맡기고, 오늘은 나와 가족을 위해 밥을 짓는 시간에 집중해 보자. 밥 짓기도 밥벌이만큼 숭고하다."(조선일보, 2022. 6. 3.)

'밥벌이'가 최고라고 아는 세상에서 '밥짓기'도 그만큼이나 숭고한 일임을 아는 사람이 많아지면 지금보다 더 좋은 세상이 될 것이 분명하다.

갈렙은 그렇게 반복되는 광야의 일상을 묵묵히 살아 내었다.

할당된 일이 성에 차지 않는다고 게으름을 피우거나 어영부영 적당히 하루를 보내지 않았다. 남들이 보면 하찮은 일에도 온전하게 최선을 다했다. 어떻게 보면 갈렙은 '미니멀리스트'(minimalist)이다. 어떤 목적을 이루는 데 필요 이상의 것을 완전히 억제하려는 듯 보인다. 그는 실력과 능력이 있음에도 무미건조할 수도 있는 세월을 묵묵히 이름 없이 견뎠다.

갈렙은 혜성처럼 빛났다가 혜성처럼 사라져 버렸다. '멸종 위기종'이 될 가능성이 컸다. 석차 1, 2등으로 입학한 사람이 3년 내내 특별한 성적을 내지 못하고 하위 성적권에 머물면서 보통 학생이 되어 간다고 생각해 보자. 그의 3년간의 학창시절이 어땠겠는가. 뚜렷한 성과는 내지 못하고 2인자도 아니고 5인자도 아닌, 만년 사원으로 살아가는 중년들 역시도 그렇다. 갈렙은 이런 광야에서도 버텨 냈다. 자신에게 지쳐 탈진되고 번아웃이 될 수도 있을 텐데 잘 버텨 냈다. 그것도 온전함으로. 여기에 갈렙의 사람 됨됨이가 있다.

눈길을 걸어갈 때 어지럽게 걷지 말기늘

갈렙은 오랜 광야 생활에서 무엇으로 충전하여 번아웃을 피할 수 있었을까. 아마 다음 세대를 키우는 사역에 심혈을 기울이지 않았을까 싶다. 이스라엘이 출애굽 할 때 홍해 앞에서 보여 준

모습(출 14:10-12)은 학습 부진아의 꼴이다. 그들은 그렇게 광야학교에 입학했다. 그러다가 40년이 지나고 광야 졸업시험과 가나안학교 입학시험에서는 최우등생이 되었다. 제사장들이 법궤를 메고 물살이 센 요단강으로 들어섰을 때는 묵묵히 따라 들어갔다(수 3:14-17). 여리고성 정복에서도 100퍼센트 순종했다(6:8-21).

이스라엘은 40여 년 만에 세대교체와 함께 신앙의 질이 교체되었다. 하나님은 진노 중에서도 긍휼을 잃지 않으셨다. 불신에 대한 형벌로 광야 유랑을 허락하셨지만, 40년은 애굽 세대인 기성세대는 정리하고 광야 세대를 육성하는 교육과 훈련의 기간이기도 했다. 그런 훈련 없이 곧장 가나안에 입성했다면 원주민 정복은커녕 오히려 정복을 당하고 세월이 흘러가면서 아예 편입되고 말았을 것이다.

여호수아를 비롯한 지파 족장들이 국가의 조직을 세워 나가고 백성들을 관리하고 있을 때 갈렙은 다음 세대, 가나안 정복 세대가 되는 유소년 청소년 젊은이들을 교육하는 일에 헌신하지 않았을까. 그렇다는 기록은 없지만, 이렇게 하나님의 말씀에 100퍼센트 순종하는 믿음의 세대가 저절로 형성될 수는 없다. 누군가 체계적으로 훈련을 시킨 책임자가 있을 것이다. 모세나 아론이나 여호수아는 임무가 막중하다. 그래도 자유로운 사람은 갈렙이다. 모세는 젊은 세대들을 키울 목적으로 갈렙에게 여호수아에 비견

하는 직책을 내리지 않았을 수도 있다. F. B. 마이어(F. B. Meyer)도 갈렙을 "이스라엘의 빈자리를 메꾸게 될 젊은 새로운 세대에게 선봉에 서서 크게 의지가 되어 주었던 사람"이었다고 평한다.

갈렙은 애굽 세대보다는 광야 세대를 바르게 키워서 가나안 입성의 주역으로 내세운다는 큰 그림을 보았기에 지치지 않고 온전히 달려갈 수가 있었을 것이다. 이런 추정이 가능하다면 흔들리지 않고 비뚤어지지 않는 그의 걸음이 다음 세대에 귀감이 된 것이다. 서산대사의 글이라고는 하나 정확하지 않고 오히려 김구 선생의 글씨체로 유명한 글귀가 있다.

> "눈길을 걸어갈 때 어지럽게 걷지 말기를 … 오늘 내가 걸어간 길이 훗날 다른 사람의 이정표가 되리니."

갈렙은 무명으로 돌아간 세월에서도 계속 반듯하게 걸었다. 무기력증에 빠지지 않고 변함없이 충성했고 한 길에 올인했다. 김겸섭은 "물 위를 걷는 것만이 기적이 아니다. 땅 위를 바르게 걷는 것도 기적이다"라고 말한다. 갈렙은 땅 위, 그것도 광야 무명의 40년을 바르게 걸었으니 하나님이 온전하다 인정하실 만하다. 우리도 뒤에 오는 사람들을 생각하면서 어지럽게 걷지 말아야 한다. 갈렙처럼.

10 장

갈렙은 탈락했다

갈렙이 정탐꾼의 위기를 벗어난 지 40여 년이 지났다. 중간 지휘관 그룹에서 할 일을 하며 살다 보니 중장년이 되었다. 심리학자 에릭슨(Erik Erikson)의 발달단계에 따르면 12~18세는 청소년기, 18~45세는 초기 성인기, 45~65세는 중년기, 66세 이상을 노년기로 보았다. 에릭슨의 분류에 따른다면, 갈렙은 45~65세에 해당하는 중년기에서 또 한 번 폭풍 급의 위기를 만난다. 중년의 위기이다.

중, 장년기는 정체성의 변환기이다. 늘어나는 나이, 어느 정도 죽음과 가까워진다는 것, 열심히 산다고 했지만 성취에 대한 만족도가 낮은 데서 오는 심리적 위기가 휘몰아친다. 여기에 특정한 사건의 피해자가 되면 강력한 위기에 노출되어 잘 나가던 삶이 하루아침에 주저앉아 버린다.

누가 모세의 후계자일까

가나안을 목전에 두고 있다. 모세가 가나안에 입성하지 못한다는 소식이 전해졌을 때 '그러면 누가 후계자냐?'에 대한 관심도가 높았다. 열두 정탐꾼 모두 후보군이었는데 열 명은 탈락했으니, 남은 사람은 갈렙과 여호수아다. 12대 1에서 2대 1로 경쟁률이 낮아졌다.

인구(투표) 수에서는 갈렙이 밀린다. 여호수아는 에브라임 지파, 요셉의 후손이다. 야곱의 열두 아들을 기초로 지파가 형성되었는데 요셉이 유대 백성들을 살린 공을 감안하여 두 지파의 몫을 받는다. 대신 레위가 열두 지파에서 빠져나와 독립 지파를 형성한다. 레위 지파는 이스라엘 군사의 계수에도 포함되지 않았다(민 1:47).

에브라임 지파는 모든 면에서 월등한 부족이다. 오죽했으면 요셉의 큰아들 혈통 므낫세 지파는 에브라임 지파의 경쟁에서 항상 뒤진다는 열등감으로 절반 정도가 요단 동쪽에 잔류해 버렸을까. 그래서 므낫세 반(半) 지파라고 한다. 반 지파는 요단 이쪽저쪽에서도 밀린다. 그래도 에브라임 지파 여호수아가 필요할 때 손을 내밀면 므낫세 지파의 지지를 받아 낼 수 있다.

유대 지파는 왕을 내는 성골이지만, 갈렙이 100퍼센트 히브리 혈통이 아니라는 점은 감점 요인으로 작용한다. 평소에는 이스라엘로 귀화한 에돔인이라는 사실이 문제가 되지 않는다. 이미 오래전 이야기가 아닌가. 그러나 경쟁이 요구되는 특정한 사안에는 신상이 탈탈 털리게 되어 있다. 대통령 후보자가 아니면, 배우자가 아니면, 장관 후보가 아니라면 살아가는 데 흠 없이 넘어갈 일이 공직자로 대중들 앞에 나서는 순간 걸림돌이 된다. 여론은 냉정하다. 조금의 흠이라도 나오는 순간 전 국민의 공공의 적이 되거나 조롱거리가 되어 버린다. 개인의 인격이나 살아온 일생이 국민들의 입도마 위에서 악인이라도 된 것처럼 요리되면서 후보자나 가족은 크게 상처를 받는다.

갈렙도 이런 순간에 직면했을 것이다. 후계자 경쟁 반열에 들어선 순간, 후보자 검증 과정에서 조상 대대로 모든 것이 드러났을 것이다. 사람들은 에서의 혈통 그니스 부족이 언제부터 야곱 족속으로 귀화했느니, 그래서 순수한 히브리 혈통은 아니라느니 시시콜콜 따지려 들었을 것이다. 가데스 바네아에서 보여 주었던 갈렙의 용감한 인상만 기억하던 백성들조차 후보자 검증 작업에 들어가는 순간 잔인해졌을 것이다. 오래전의 기억은 현실 앞에서는 크게 힘을 쓰지 못하는 법이다.

갈렙에게는 정탐꾼으로 선발되던 그때처럼 지금이 위기이자 기회의 시간이다. 모세의 후계자가 된다면 에서-에돔 혈통의 잔재를 완벽하게 지워 버릴 수 있을 것이다. 그동안의 혈통의 의구심과 서러움이 있었다면 단번에 씻어 버릴 기회가 온 것이다. 그니스 가문도 민족의 지도자가 되지 말란 법은 없지 않은가.

여호수아는 모범 공무원 스타일로 관료사회에서 인정을 받았다. 알게 모르게 모세의 지원도 받았다. 갈렙은 대중성이 강한 정치가 스타일이다. 백성들에게 인기가 많았다. 여호수아가 모세 곁에서 시중을 들고 회막을 지키는 동안 갈렙은 자유롭게 백성들과

왕래했다. 여론이 좋았을 것이다. 국민 투표에 부쳤다면 가능성이 컸을 것이다. 갈렙 주변에는 가나안에 들어가서 한자리 차지해 보려는 발걸음들이 잦았을 것이다. 조연 역할에 그쳤던 광야의 무대가 끝나고 있다.

여호수아로 낙점되다

결과는 여호수아의 한판승이었다. 여호수아가 모세의 후계자로 임명되었다(신 31:14).

> "모세가 눈의 아들 여호수아에게 안수하였으므로 그에게 지혜의 영이 충만하니 이스라엘 자손이 여호와께서 모세에게 명령하신 대로 여호수아의 말을 순종하였더라" 신 34:9

갈렙과 유다 지파의 입장에서는 쉽게 수용할 수 없는 결과였다. 요즘 정당의 선출 경선으로 설명하면 국민 투표에서는 갈렙의 표가 많았는데 당원 투표에서는 여호수아가 우세하게 나왔다. 여론에서는 이겨 놓고 임명권자에게 밀린 셈이다. 얼마나 실망이 될까. 후계자 자리는 200만 명을 통솔하는 지도자 자리이다. 광야의 이스라엘은 정부 조직이 제대로 짜여 있지 않아 권한이 그리 크지는 않았지만, 그래도 국가 조직은 그 자체가 막강하다. 정치가들이 대통령직에 목숨을 거는 것은 권한이 엄청나기 때문이다. 우리나라 대통령이 직간접으로 관여하거나 영향력을 미치는 자리는 7,000여 개에 이르는 것으로 알려졌다. 청와대가 인사 검증을 하거나 관심을 두고 관리하는 자리는 1만 개가 넘는다는 추정도 나온다.

이런 엄청난 권력을 눈앞에 두고 갈렙은 패자의 자리로 밀려났다. 여러 면에서 심각한 문제가 발생할 수 있다. 우선 모세에 대한 섭섭함이다. 하나님의 지시대로 여호수아를 지명했음을 알면서도 억지를 부릴 수도 있다. 믿고 맡길 수 있는 오랜 참모이니까, 늘 함께 밀착되어 있었으니까, 팔은 안으로 굽는다고 모세가 여호수아의 손을 들어준 것 아니냐 문제를 제기할 수도 있다. 하나님에 대해서도 섭섭하기는 마찬가지다. 이 모든 후계 구도는 하나님으로부터 온 것이다. 그러니 갈렙은 충분히 '하나님조차도 혈통을 보신 것인가. 쌍둥이 형제 에서와 야곱 사이에서도 차남 야곱을 선택하시더니 이번에도 내가 에서의 혈통이라고 배제한 것인가!' 하고 생각할 수 있다.

여호수아에 대한 감정도 이전 같지 않을 것이다. 후계자가 되는 것은 경쟁이다. 열 명이 경쟁자 반열에서 사라지자 모세의 후계자 문제에서 한 번도 자신을 그 반열에 세워 보지 않았었거나 여호수아를 경쟁자로 떠올리지 않았다면 거짓말이다. 가나안이 가까울수록 후계자 문제는 백성들 사이에 초미의 이슈가 되고 노골적으로 그를 지지하는, 그야말로 '갈빠'들도 생겨났을 것이다. 후계자 선택은 자신보다도 자신을 지지하는 사람들의 문제였다.

그런데 여호수아가 선택되었다. '왜 내가 탈락했을까?' '선택의 기준은 무엇인가?' 이런 것들을 생각하다 보면 '과연 이번 결정이 공명정대했는가?' 하는 공정의 문제에 직면하게 된다. 여기에는 제대로 된 답이 없다. 하나님이 지명하셨다는 논리는 백번 타당하다 해도 감정으로까지 수용하기는 쉽지 않다. 모세가 갈렙을 불러 다독인다 해도 쉽게 넘길 수 없는 응어리가 있다. 그 섭섭함이 때로는 위기를 불러온다.

개척을 시작했을 때 섭섭한 마음이 불쑥불쑥 터져 나왔다. 신혼집 보증금을 뺀 돈 800만 원으로 '생짜 배기' 개척을 했다. 800만 원은 예배당 보증금에 쓰고, 교회 자리였기에 의자나 피아노 등을 넘겨받느라 3백만 원이 필요했다. 그래서 아는 분에게 3백만 원을 빌렸다. 이자를 3년 가까이 물었다. 매달 꼬박꼬박 물다가도 섭섭해지는 순간들이 있었다. 전당포에서 아내의 결혼 선물 목걸이를 맡기고 이자를 보낼 때도 섭섭마귀가 나를 흔들었다. 돈을 빌릴 때는 하나님 같았는데…. 개척하면 도와주겠다던 누구도 얼굴을 내밀지 않았다. 사방이 섭섭함으로 가득 찼다. 너무들 믿었기에 배신감도 컸고 그만큼 섭섭했던 것이다.

그래서 하나님과 모세를 향한 갈렙의 마음이 어땠을지 충분히 이해된다. 주변에서 하나님과 모세의 공정에 대해 시비를 걸면서 다른 선택을 은근히 부추겼을 수도 있다. 후계자 선택에서의 탈락도 열심히 충성하며 달려가던 길에서 위기였지만, 지지자들의 충동질도 자칫 휩쓸리기 쉬운 파도였다. 갈렙은 위기의 파도 앞에 서 있었다.

사회는 공정하지 않다

지금 대한민국은 공정을 묻고 있다. 국민권익위원회가 2020년 국민 2,000명을 대상으로 시행한 설문조사에서 응답자의 54퍼센트가 "우리 사회가 공정하지 않다"고 답했다고 한다. 아빠 찬스, 집안 찬스 등에서 제외된 젊은이들이 대한민국의 공정을 의심하고 있는 것이다.

국민일보가 여론조사업체 글로벌리서치에 의뢰해 전국 만 18~39세 남녀 1,000명을 온라인 설문 조사한 결과도 눈여겨볼 만하다. "우리 사회는 노력에 따른 공정한 대가를 제공한다고 생각하는가"라는 질문에 67.9퍼센트가 "그렇지 않다"라고 답했다는 것이다. MZ세대 절반 가까이가 삶이 불안하다고 느끼고 있었다. (국민일보, 2021. 6. 24.)

청년들에게 '공정 가치'는 함부로 건드릴 수 없는 역린이다. 법을 공정하게 관리해야 할 법무부 장관의 자녀 입시 특혜 논란에서 '입시 절차의 공정성'을 두고 청년들은 분노했다. 아빠 찬스로 기회를 얻은 사람 때문에 다른 누군가가 기회를 놓쳤다는 것이다.

인천국제공항공사 보안검색 요원 정규직 전환 논란 사태는 '채용 절차의 공정성'에 대한 분노이다. 절차도 논리도 없이 마구잡이로 정규직 전환을 해 버리면 취업준비생의 일자리가 줄어드는 것이기에 취업을 준비하는 청년들의 분노는 쉽게 가라앉지 않았다. 사실 비정규직의 정규화는 박수를 받을 일이다. 하지만 충분한 공청과 여론을 거쳐 사회적 합의점을 마련할 생각은 하지 않은 채 대통령의 대선 공약이라는 포퓰리즘식 정치로 해결하려 든 것이 문제다. 내 기회를 도둑질당한다고 생각하는 청년들에게는 간단히 넘어갈 문제가 아니다.

공정은 젊은이들만의 문제가 아니다. 국가시스템으로서의 공정이라는 거대한 화두가 아니라도 "나는 정당하게 인정을 받았는가"라는 질문 앞에 서면 대부분 중장년은 노력만큼 정당한 대접을 받지 못한 경험들을 기억한다. 이번에는 내가 부장에 올라갈 기회였다. 모든 고가점수에서 내가 높았다. 그만큼 성실했고 실적도 많이 올렸다. 당연히 승진을 기대하고 있었는데 입사 동기 중 누가, 때로는 입사 연도가 낮은 사람이 내 상사 자리를 꿰찼다. 이번에는 내 승진 차례라며 팀원들에게 밥까지 샀는데 탈락했다.

납득할 만한 이유가 없다. 회사에 이유를 묻는 것은 탈락 그 자체보다 더 비참한 일이며 자해 행위이다. 열정은 식었지만 밥줄 때문에 억지로 출퇴근을 계속했다. 그러다가 욱하는 마음으로 퇴사라도 하게 된다면 삶이 힘들어진다. 중장년에 만나는 위기의 얼굴이다.

이런 일은 교회에서도 발생한다. 임직자 투표에서 선택되지 못하면 흔들린다. 장로의 적합도를 묻는 투표인데 인기투표로 이해하는 것이다. 그래서 내가 교회에 얼마나 열정을 쏟았는데 이럴 수가 있느냐며 배신감을 토로한다. 교인들이 내 앞에서는 나를 찍었다 해 놓고 뒤에서는 딴소리를 한 것 같다. 내가 입도마에 오른 것 같아서 그 배신감을 견딜 수 없다. 교회를 떠나거나 냉담신자가 되고 만다. 교회 안에서의 노력이 배신당하면 신앙까지 흔들리는 것이 당연지사다. 충분히 이해가 되는 대목이다.

목사도 교회에서야 결정권자이지만 밖에 나가면 노회나 교단의 소속 회원이기에 선택의 기회에서 종종 이유 없이 배제되거나 탈락한다. 이번에는 내가 임원이 되고, 노회장으로 올라가야 한다. 그런데 정치하지 않는다고, 밥을 사 주며 만나는 노회원들이 많지 않다고 내 순번에서 밀린다. 그러면 흔들린다. 노회나 교단에 대해 애정은 식고 억지로 참석하게 되는 빈껍데기 발걸음만 남는다.

갈렙도 어느새 중장년이 되었다. 중장년은 새로 시작할 수도, 그렇다고 포기할 수도 없는 경계선이다. 이럴 때 위기에 직면하게 되면 대부분 흔들린다. 우울증, 불안감에 생활 방식을 급격하게 바꾸거나 헌신을 팽개쳐 버리고 숨고 싶은 심정이 될 수도 있다.《하나님의 학교를 졸업한 사람들》에서 오스왈드 샌더스는 중장년에 만나는 위기에 대해 어느 작가의 말을 빌린다.

"여행에서 가장 어려운 부분이 중간지점이다. 새로이 시작할 때에는 열심이 있으며, 마칠 때에도 목표지에 도달하는 감격이 있다. 그러나 중간지점은 출발점에서는 멀고, 목표에서도 아직 멀어서 경주자의 열의를 시험한다. 삶의 여정의 중간지점에서 신자는 인내하며 계속 달리기 위해 가장 많은 은혜를 필요로 한다."

탈락이란 위기 앞에 흔들리지 않으려면

세상 기준으로 보자면 열두 제자 중에 리더십이 있을 사람은 야고보이다. 요한이라는 든든한 후원군이 있고 부자 아버지를 두었다. 어머니는 아들의 자리를 노골적으로 요구했던 당찬 여인이다(마 20:20-28). 야고보는 요즘 말로 '엄친아'였다. 집안 좋고 성격이 밝은 데다 두뇌 회전도 빠르고 인물도 훤한, 모든 면에서 제자 공동체를 이끌어 갈 리더의 재목이다. 제자 중에서 가장 먼저 순교자가 된 점도 그의 리더십을 엿볼 수 있는 역설적인 대목이다.

그런데 예수님은 베드로에게 그 자리를 맡겼다(마 16:19, 요 21:15-17). 베드로는 고기를 잡는 어부로서는 1등일지 몰라도 사람을 이끌 지도자로서는 미흡한 점이 있다. 맏형 정도로 만족할 사람이다. 베드로가 제자 공동체의 수장이 되었을 때 야고보로서는 섭섭한 현실에 직면했을 수도 있다. 그래도 여전히 열심이었고 여전히 있는 자리에서 제자의 삶을 살다 순교자로 사라졌다. 갈렙도 야고보도 자리에 연연하지 않고 사명에 집중하는 마음가짐이 있었기에 중장년의 위기에서 흔들리지 않을 수 있었다.

2008년 미국 대선에서 최초의 흑인 대통령, 오바마가 선출됐다. 당시 존 매케인 후보의 지지자들은 "오바마는 믿지 못할 아랍인"이라고 조롱하고 비난했다. 그러나 존 매케인 본인은 그의 지지자들에게 "아닙니다. 그는 훌륭한 가장이자 시민이고, 우리는 다만 주요한 정책적 입장이 다를 뿐입니다"라는 말로 도리어 오바마를 변호했다. 그는 패배한 후보지만 이 한 마디로 미국을 넘어 세계 시민들에게 존경받는 지도자로 두고두고 기억된다.

이제 갈렙은 어떤 모습일까. 후계자 구도에서 선택을 받지 못함이 그의 온전함을 흔들어 버릴 것인가. 광야의 햇볕은 따갑다. 바람 한 점 불어오지 않아 숨이 막힌다.

11장

탈락했지만 탈선하지 않았다

후계자 선정에서 탈락한 갈렙. 인생 전체를 흔들어 버리는 위기에 직면했다. 단순히 개인의 위기가 아니다. 지파 전체의 위기였다. 이스라엘의 양강 체제인 유다 지파가 에브라임 지파에 밀린 셈이다.

유다 지파는 자부심이 남다르다. 그건 조상 할아버지 야곱의 예언에서 비롯된다. 야곱은 임종 직전에 열두 아들에게 분량대로(창 49:28) 예언 축복을 했다. 유다 지파가 받을 복은 왕의 지파가 되는 것이며, 형제들의 찬송이 되는 복을 누리는 것이다. 훗날 이 예언이 현실이 되었다. 유다 지파는 다윗을 시작으로 왕조를 이루었으며, 남유다의 왕권은 유다 지파 혈통이 이어 갔다. 갈렙이 살던 당시는 아직 광야 생활을 하던 때이기에 왕정시대에 들어가지 못했지만, 유다 지파의 자부심은 이때도 있었다. 그런데 에브라임 지파 소속 여호수아가 후계자로 낙점되면서 유다 지파는 혼란에 빠져들었다.

모세는 레위 지파로, 정치적인 리더 군에 포함되지 않았다. 모세의 리더십 이양 후에 열두 지파 간의 지도력 다툼이 본격적으로 일어날 것이다. 그 시작점에서 갈렙이 탈락했다. 유다 지파는 공황상태에 빠졌을 것이다. 이에 대한 책임은 갈렙을 지파의 대표로 선발한 가문의 족장들에게 있지만 결국은 갈렙이 감당해야 할 힘겨운 몫이다. 갈렙은 민족 전체에서도 배제되고 지파 내에서 우스갯감이 될 수도 있다.

갈렙이 청년이었으면 다시 기회가 있고 노년이면 조금 일찍 은퇴하면 그만이다. 그러나 중장년은 그 자리에 앉아 있을 수도, 이직해서 다른 일을 찾을 수도 없는 애매한 연령대다. 갈렙은 숱한 고민의 밤을 보내야 했을 것이다.

회복 탄력성이 컸던 사람

중장년기에 찾아온 위기 앞에서 갈렙이 할 수 있는 선택은 무엇이었을까. 첫 번째로, 모세의 선택이 공정한 과정이었는가를 물으면서 자신이 억울한 피해자임을 부각시켜 볼 수 있다. 갈렙에게는 그럴 명분이 있었다. 정탐 보고대회에서 흔들리는 민심을 바로 잡는 데 주도적인 역할을 한 사람이 갈렙이었다. 적어도 그와 유다 지파들은 그렇게 믿고 있었다. 그 정도의 공이라면 모세에게 대회를 열어 선발 원칙을 공개해 달라 요구할 수 있었다. 한 번 결정된 사항이 번복되기는 힘들겠지만 그런 과정에서 '약자 코스프레'를 할 수 있다. 갈렙에게는 추호도 그럴 마음이 없겠지만 우리 같은 사람들이야 이런 약자 코스프레, 피해자 코스프레라도 하면서 위기를 넘어가려는 얄팍한 유혹의 카드를 만지작거리게도 된다.

두 번째는, 모욕감과 패배의식에 갇혀 분파 분리주의를 시도하는 것이다. 르우벤, 갓, 므낫세 반 지파가 보여 주었던 선례도 있다. 요단강 서쪽이 약속의 땅이라고 생각했는데 어떻게 가나안의 젖과 꿀을 포기하고 요단강 동쪽 지역에 정착하겠다고 과감히 요구할 수 있었을까. 세 지파는 요단강 동쪽도 약속의 땅이라는 명분을 내세우기는 했지만, 사실은 경쟁에서 밀리고 있는 피해자 의식이 알게 모르게 지파 구성원들 속에 공유되고 있었을 것이다. 르우벤 지파는 열두 지파 중에 장남 지파이지만 조상 르우벤이 부친의 침상을 더럽혔다는 내력으로(창 35:22, 49:4) 수치스러운 굴레를 벗어나기가 힘들었다. 므낫세 지파도 비슷하다. 요셉의 장남이면서도 에브라임 지파에게 늘 밀렸다. 가나안에 입성해 봐야 찬밥 신세이다. 갓 지파 역시 라헬의 여종 실바의 후손으로 정실부인 후손들에게 밀려 기죽어 살았다. 그래서 요단 동쪽 잔류를 원했다. 므낫세 지파는 행동 통일을 하지 못해서 절반만 남기로 했다.

갈렙도 딴살림을 차리는 분파 작업을 할 수 있다. 유다 지파는 요단 동쪽에 남는 세 지파와는 달리 왕통 지파이다. 가나안 입성을 거부하지는 않겠지만 따로 행동하면 왕통이라는 정통성이 있기에 적어도 서너 지파 정도는 지지하고 따라서 나올 것이다. 그들과 연합하여 넓은 지역에 따로 왕국을 세울 수 있다. 그러려면 모세의 공정성을 물고 늘어져야 한다.

세 번째는, 극단적인 방법 대신에 잔류하되 사사건건 물고 늘어지는 것이다. 지파의 존재감을 살려 일단 수긍을 하되 사안마다 여호수아의 리더십에 딴지를 걸고, 약화된 리더십을 구실로 일부분의 리더십을 야금야금 인수하는 것이다. 상대방의 실수를 기다리며 기회를 보는 것이다. 얄팍한 수법이지만 지금 더운밥 찬밥을 가릴 처지가 아니니다.

네 번째는, 방관이다. 멀찍이 떨어져서 "어디, 잘해 봐" 하는 것이다. 여호수아의 리더십에 정면으로 반대하면서 채신을 구길 것도 없고, 적극적으로 동조함으로 채신없는 사람으로 우스워질 필요도 없이 그냥 있는 둥 없는 둥 지내는 것이다. 이런 경우, 뒤로는 이익을 다 챙기면서 겉으로는 세상사에 초연한 척 드러난다. 그러다가 상대방이 실수하면 그 틈새를 이용해서 앞으로 나서는 것이다. 어떻게 보면 가장 비열한 태도이다.

갈렙은 다양한 선택의 기로에서 온전을 놓치지 않았다. 아쉬움과 섭섭함이야 있겠지만 내색하지 않았고 공정성을 따져 묻지도 않았다. 모세 사후에 지파를 대표하는 족장들을 모아 놓고 재심의를 요구하는 일도 없었다. 비틀거렸지만 곧 일어섰다. 회복 탄력성이 강한 사람이다. 회복 탄력성은 크고 작은 다양한 역경과 시련과 실패에서 바닥을 치고 올라올 힘, 밑바닥까지 떨어져도 꿋꿋하게 다시 튀어 오르는 마음의 근력이다. 고통을 당하다 보니 생겨나는 마음의 맷집인 셈이다. 갈렙에게 회복 탄력성이라는 강인함이 없었다면 후계자 경쟁에서 밀린 이후로 힘을 쓰지 못하고 시샘과 분노로 삶을 허비했을 것이다. 갈렙은 그러지 않았다.

섭섭마귀를 주의하라

성도에게 교회는 월급을 받는 직장도, 이익을 얻는 사업장도 아니다. 그런 만큼 명예를 원하는 사람들에게는 선택받지 못했을 때 섭섭하기가 딱 좋은 동네이다. 장로 선출에서 남들이 나보다 학력이나 신분, 생활이 떨어진다 자신만만했는데 교인들의 선택은 뜻밖이다. 그가 선택받고 나는 떨어졌다. 그러면 상황을 인정하고 겸손의 자리로 나아가는 분들이 있다. 자신이 선택받지 못한 것은 하나님의 때가 아니었을 수 있다. 인기투표가 아니기에 이참에 겸손한 교회 생활로 나가면 기회가 올 것이니, 그때까지 장로급 믿음으로 살면서 교인들의 신망을 얻을 수 있다.

그런데 어떤 사람들은 담임목사와 교인들이 나를 버렸고 우스운 사람으로 만들어 버렸다고 해석한다. 분노와 화가 일고 이것이 이성을 마비시켜 버리면 의외의 행동을 한다. 여론을 일으켜 교회를 분열시키든지, 매사에 반대해서 교회가 성장하지 못하게 하든지, 팔짱을 끼고 '어디 잘 해내나 보자' 관망하든가, 그조차도 참을 수가 없으면 '내가 없어도 잘되나 보자'하고 교회를 떠난다. 그래서 아예 믿음을 버리든지 무슨 수를 써서라도 장로가 되기도 한다. 대부분 그때부터 신앙은 순수함과 거룩한 열정을 잃어버리게 된다.

그밖에도 피치 못할 사정으로, 혹은 이사를 하게 되어 교회를 새로 정하게 되는데 나이가 50, 60이 되면 애매한 상황을 맞게 된다. 새 교회에서 새롭게 시작하려니 어디서 어떻게 해야 할지 모르겠고 구경꾼처럼 있으려니 믿음을 까먹는 것 같아 마음이 편치 않다. 그래서 '조금만 쉬다가…' 하다 보면 아주 많이 쉬게 되고, 얼마 가지 않아 껍데기만 남은 종교인의 모습에 탄식하게 된다. 중년이기에 겪게 되는 믿음의 위기이다.

갈렙은 모든 가능성을 배제한다. 사탄에게 틈을 내주지 않고 변함없이 자랑스러운 정탐꾼 출신의 면모를 잃지 않는다. 정탐꾼 시절의 40일간을 여호수아와 나란히 움직였던 그 열정으로 의연하게 제 자리를 지키며 가나안 정복 초기에 여호수아의 리더십을 든든히 세워 주는 역할을 했다. 내심 섭섭하고 자존심에 상처도 났을 테지만 드러내지 않았다. 드러내지 않은 것이 아니라 아예 섭섭함에 자리를 내주지 않았다.

교회에서 상처를 받으려 작심한다면 한도 끝도 없다. 예수님의 모친 마리아도 포도주 문제를 해결해 달라 아들에게 부탁했더니 "나와 무슨 상관이 있습니까?" 하는 아들의 퉁명한 말(요 2:2)을 들어야 했다. 섭섭했을 수 있다. 야고보와 요한의 모친은 두 아들의 자리를 부탁했는데(마 20:20-21), 하나님은 자리는커녕 오히려 큰아들을 순교자의 길로 가게 하셨다. 이것 역시 하나님께 섭섭했을 수 있다. 베다니의 마리아 마르다 자매는 오라비가 죽어 가자 예수님께 사람을 보내 소식을 알렸지만, 예수님은 채비를 서두르지 않고 당신이 하실 일을 다 마치고 사후에 늦게 오셨다(요 11:1-22). 참으로 섭섭한 일이고 낙심도 될 일이었다. 세례 요한은 예수님의 길잡이를 자처하면서 길을 닦는 선구자 사역을 하다 옥에 갇혔는데, 예수님은 심판을 외치는 그의 행보에 힘을 실어주지 않고 '비판하지 말라, 원수를 사랑하라'는 듣기 좋은 말들만 늘어놓으신다. 결국 그는 예수님에게 "오실 그이가 당신이오니이까 우리가 다른 이를 기다리오리이까"(마 11:3) 묻는다. 모두 섭섭한 상황이다. 섭섭함으로 따진다면 그들 역시 갈렙과 같은 상황에 처한 것이다.

우리가 살아가면서 겪게 되는 섭섭함은 문자적으로는 '서운하고 아쉽다'라는 뜻이지만 사실은 '속상하다' '슬프다' '밉다' '외롭다' '서럽다' '싫다' '우울하다' '괘씸하다' '얄밉다'를 포함한다. 마귀 중에서 가장 하등 마귀가 바로 이 시험 잘들게 하는 섭섭마귀다. 섭섭마귀가 따로 있다는 말이 아니고, 마귀가 주는 섭섭한 감정을 섭섭마귀로 비유한 것이다. 섭섭함은 미움을 여는 문이다. 섭섭함의 문이 열리면 미움이 시작된다. 남편에게 섭섭하면 남편이 밉고 자식에게 섭섭하면 자식이 밉고 목사에게 섭섭하면 목사가 미워진다. 하나님에게 섭섭하면 아뿔싸, 하나님이 미워지기 시작한다. 그러니 섭섭마귀가 가장 무섭다는 말도 일리가 있다.

섭섭마귀는 귀에 붙어 있다가 속삭인다. "섭섭하지? 화를 내. 널 무시하고 있잖아." 처음에는 파리를 쫓아 버리듯 "꺼져!" 하던 사람들도 몇 번 섭섭한 상황이 계속되면 넘어진다. 그래서 머리에 "나 섭섭해요"를 써 붙이고 다닌다. 시험 들기에 딱 좋은 상황이다. 이것이 중년이나 장년기에 찾아오면 그 좋은 날들을 허송세월로 보내 버리고 사람이 초라해진다. 분노와 섭섭함으로 쌓인 감정 때문에 자신을 왜소하게 만들어 버린 것을 모르고 남 탓만 하고 일을 놓아 버린다. 위기가 찾아왔지만, 자기 상태를 모른다. 어떤 약도 없는 위기이다.

김남준 목사는 《염려에 관하여》(생명의말씀사, 2020)에서 안드레아 보첼리 이야기를 한다. 안드레아 보첼리는 이탈리아의 유명한 성악가이며 팝페라 가수다. 12세 때 사고로 시력을 잃었으나 끊임없이 노력하여 세계적인 가수가 되었다. 그는 자신의 인생에 일어난 불행한 순간에 대해 이렇게 말한다.

> "시력을 완전히 잃었을 때 두려움과 절망의 눈물을 모두 쏟아 버리는 데 필요한 시간은 꼭 한 시간이었다. 그리고 새로운 상황에 적응하는 데에는 일주일이면 충분했다."

새로운 상황에 적응하는 데에는 일주일이면 충분하다. 갈렙도 후계자 반열에서 탈락했다는 상황을 수습하고 다시 원상태로 돌아가는 데에는 한 주간 정도면 되었을 것이다. 그는 그만큼 자기 지위나 명예, 직분에 연연한 사람이 아니었기에 흔들리지 않고 위기를 잘 넘겼을 것이다. 오히려 2인자로서의 더 멋진 모습을 보여 주게 될 것이다.

위기에서 탈선하지 않으려면

케임브리지 대학교 데이비드 베인브리지(David Bainbridge) 교수는 《중년의 발견》(청림출판, 2013)에서 인생의 중년기를 '인간만이 가진 가장 독특한 삶의 중반부'라고 한다. 여타 동물에게서 볼 수 있는 삶의 중반부와는 사뭇 다르다는 것이다. 특히 이 말이 내 관심을 끈다.

"우리는 중년에야 비로소 신을 닮은 지혜와 이성과 기억력을 갖는다!"

이 말이 갈렙에게 모두 해당하는 것은 아니다. 갈렙이 '중년에야 비로소 신을 닮은 지혜와 이성과 기억력을'을 갖게 된 것은 아니다. 그는 인생 전체를 하나님이 내려 주신 지혜와 이성으로 판단했고 선택했고 살아왔다. 지금도 탈락의 위기에서 그를 주장하고 있는 것은 '신을 닮은 지혜와 이성과 기억력'이다.

우리의 중년기에도 탈락의 위기를 만날 수 있다. 위기에서 탈선하지 않는 방법은 하나님과 그분의 약속을 붙드는 것이다. 그것은 '신을 닮은 지혜와 이성과 기억력'으로 나타날 수 있다. 그러기에 중년과 장년에 불어닥치는 위기에서도 미끄러지지 않도록 조심히 처신하며 마음의 안전지대에서 이탈하지 말아야 한다.

랄프 에머슨(Ralph Waldo Emerson)은 "영웅이란 보통 사람보다 더 용감한 것이 아니라 보통 사람보다 5분 더 길게 용감할 뿐이다"라고 말한다. 갈렙 역시 보통 사람들보다 5분 더 길게 참고 이해하고 견디다 보니 평생 용감해졌고, 계속되는 시험을 물리치며 하나님 앞에서 온전하게 걸을 수 있었다.

갈렙은 다양한 선택의 기로에서
온전을 놓치지 않았다.

12 장

모세는 왜 여호수아를 택했을까

1418년 8월 10일, 세종은 스물두 살의 나이로 왕위에 올랐다. 충녕대군으로 불렸던 세종은 선왕 태종의 3남으로, 서열만 보면 왕위 계승자가 아니다. 태종은 세자 양녕을 보위에 올리려 했지만, 방탕과 여색을 즐기면서 기행을 일삼으니 왕세자 자리에서 폐하였다. 왕의 심중을 파악한 대신들이 어진 사람을 세자로 삼길 바라 충녕대군 이도가 세자가 된다. 태종은 세자 책봉 두 달 만에 충녕에게 왕위를 넘겨주고 상왕으로 물러나 버린다. 세자에게 일찍 힘을 실어 성군을 만들려는 태종의 안목이 조선 역사의 큰 틀을 바꿔 놓았다.

세종은 지식 인재 양성을 통해 정치, 경제, 문화, 과학 모든 분야에서 조선 최고의 전성기를 이끈 탁월한 지도자이다. '훈민정음'(한글)을 만들었고 집현전을 열어 유능한 학자를 육성했으며 비의 양을 측정하는 측우기, 해시계, 물시계 등 스물한 개의 각종 과학 기구를 발명하는 데 힘을 실었다. 대마도 정벌 등 국토 확장에 힘썼으며, 노비에게 출산 휴가를 주고, 백성들의 세금을 감면해 줌으로써 삶의 고통을 덜어 준 애민정신의 왕이다.

세종이 조선의 제4대 국왕이 되지 않았다면 대한민국은 어떤 국가가 되었을까. 이런 면에서 태종이 적장자 왕위 계승 원칙을 버리고 3남을 택한 것은 그만한 안목이 있었기 때문이다. 우리의 신학 언어로 설명해 본다면, 대한민국을 향한 하나님의 경륜과 섭리가 있었다.

하나님의 영이 머무는 사람

모세의 나이 120세가 되었다. 그는 백성을 모아 놓고 "내가 더 이상 출입하지 못하겠"(신 31:2)다고 정식으로 공표했다. 정상적으로 사역을 감당할 기력이 없다는 것이다. 물론 제3자에게는 눈이 흐리지 아니하였고 기력이 쇠하지 않은 것처럼(34:7) 보였지만, 모세 스스로는 더 이상 백성을 인솔하여 목전에 닥친 가나안 정복 전쟁을 수행할 왕성한 기력이 없다고 여겼다. 하나님이 입성을 허락하지 않으셨기에(3:25-26) 요단을 건너지 못할 자신의 운명을 에둘러 말한 것일 수도 있다.

모세는 하나님의 명을 받들어 여호수아를 백성들 앞에 세워 안수하고 지도자로 임명했다. 갈렙의 추종자들은 당혹스러웠을 것이다. 사적 라인의 임명이 공정한가를 따져 묻기도 했을 것이다. 하지만 다른 사람은 몰라도 갈렙은 '왜 여호수아인가?' 하는 문제를 금방 풀었다. 여호수아는 이미 군대장(長) 자리에 있었다. 모세의 명에 따라 군대를 이끌고 아말렉과의 전쟁에 참전해 맹활약했다. 그만큼 어느 정도 모세의 권한을 대행하고 있었다(민 27:18-23). 그리고 여호수아는 항상 회막을 지키면서(출 33:11) 단순한 경비병이 아니라 하나님과 깊은 영적 교제를 나누었을 것이다. 여호수아는 그 안에 하나님의 영이 머무는 자였다(민 27:18). 성령의 뜻에 온전히 순복할 줄 아는 믿음과 지도자에게 필요한 영적 지혜와 능력이 충만함을 의미한다. 하나님이 이미 당신의 일꾼으로 택정하시고 준비시켜 두셨음을 암시한다(출 17:9).

갈렙에게는 하나님의 영이 임했다는 기록이 없다. 이스라엘의 전쟁은 하나님의 약속을 성취하는 성전(聖戰)이다. 신정국가 이스라엘의 지도자라면 당연히 하나님의 영에 힘입은 바가 커야 한다. 모세가 가나안 지경에 입성할 수 있었다면 용맹한 갈렙을 선택할 수도 있다. 가나안 입성이 거절되었기에 직접 지도를 받아온 여호수아가 적임자였다. 그는 율법에서나 행정에서나 전투력에서나 백성들을 통솔하는 지도력에서 모든 것을 고루 갖춘 장수였다.

이스라엘 공동체의 교제권

여호수아는 누구보다 하나님과 친밀한 시간을 가졌다. 출애굽한 이스라엘은 3개월 만에 시내 광야에 이르렀다. 멀리 해발 2,285미터 높이에 이르는 시내산이 보였고, 백성들은 시내 광야에 천막을 치고 장시간을 보냈다. 모세는 산에 올라 40일을 머무

르며 십계명을 받았다.

오스왈드 샌더스는《하나님과의 즐거운 친교》(기독교문사, 1985)에서 이스라엘의 공동체를 동심원(同心圓)으로 구분한다. 그중 하나님과 가장 멀리 떨어져 있는 일반 백성들을 제4교제권이라 불렀다. 가장자리 교제권이다. 이스라엘 백성들이 여기에 속한다. 그들은 하나님에게서 멀찍이 떨어져 있어야만 했다.

"너 모세만 여호와께 가까이 나아오고 그들은 가까이 나아오지 말며 백성은 너와 함께 올라오지 말지니라" 출 24:2

백성들은 시내산에 임하는 하나님의 임재는 멀리서 보지만 경계선이 있다. 백성들은 성결하지 못한 상태이다. 가까이서 하나님의 영광을 본다면 맹렬한 불같이 보였을 것이다(17절). 그러면 즉사하거나 하나님을 왜곡되게 설명하고 전하게 된다. 그래서 멀리 있으라는 것이다.

그다음으로 하나님과 가까운 이들이 제3교제권이다. 제사장과 장로 70인이 여기에 속했다. 이들은 백성들에게 금지된 영역에서 조금 더 올라가 하나님의 계시를 훨씬 더 친밀하게 보았던 그룹이다.

"모세와 아론과 나답과 아비후와 이스라엘 장로 칠십 인이 올라 가서 이스라엘의 하나님을 보니 그의 발 아래에는 청옥을 편 듯 하고 하늘 같이 청명하더라" 9-10절

그 대단한 청옥(사파이어)을 발아래 펼쳐 놓았으니 하나님의 영광과 거룩성은 어느 정도일까? 그들은 초월적인 하나님의 제한된 부분을 보았고 영원성을 잠시나마 맛보았다. 그만큼 하나님의 임재를 느꼈다. 일반 백성보다 하나님을 더 경험했지만, 변화의 단계로까지 이끌어 주지는 못했다. 짧은 시간이 흐른 뒤에 금송아지를 섬기는 우상숭배로 떨어진다. 하나님과의 교제를 깊이 누리지 못한 결과이다.

그다음 제2교제권 영역에 모세의 부관 여호수아가 있다. 그는 모세와 단둘이 산 정상에 올랐다.

"모세가 그의 부하 여호수아와 함께 일어나 모세가 하나님의 산으로 올라가며" 13절

시내산의 정상 가까이 머무는 여호수아는 제3, 제4교제권보다는 훨씬 하나님께 가까워졌지만, 하나님의 영광을 흠뻑 적시기보다는 모세를 통해 간접적으로 누렸다.

동심원의 한가운데가 제1교제권이다. 하나님 품으로 들어가 친밀함을 나눈 사람으로, 모세가 여기에 속한다. 모세는 혼자 구름 속으로 들어갔다. 구름은 하나님의 임재와 영광을 가리킨다.

"모세는 구름 속으로 들어가서 산 위에 올랐으며 모세가 사십 일 사십 야를 산에 있으니라" 18절

모세는 하나님의 품속에서 하나님의 영광과 함께했다. 하나님과 깊숙한 교제, 친밀함을 누리는 성숙한 신앙인의 모습이다.

이렇게 이스라엘은 동일한 선민이고 성민이지만 하나님과의 교제, 친밀함을 동일하게 누리지는 못했다. 어떤 백성들은 무늬만 성민이다. 그들은 하나님을 두려워했다. 제사장 그룹과 장로들은 중턱까지 올라가 하나님을 경험했지만, 응답이 더디었을 때 금송아지를 숭배했다. 여호수아는 지속적으로 하나님을 바라보았지만, 모세처럼 온 얼굴이 빛나는 변화를 입는 직접적인 친교까지 나가지는 못했다.

모세만이 하나님의 중심부까지 들어갔고 40일을 함께했다. 이런 친밀함의 시간으로 모세는 불같이 화를 내던 사람에서 온유함이 지면에서 가장 뛰어난 사람으로 인격적 변화를 이룬다(민 12:3).

갈렙은 자기가 아니란 걸 알았다

갈렙은 어느 교제권에 속했을까. 성경 기록만 놓고 보면 1~3의 교제권에 속했다는 증거는 없다. 제사장 가문도, 장로 그룹에도 속하지 못했기에 멀리서 하나님을 바라보는 가장자리 4교제권에 있었을 것이다. 갈렙이 전면에 나선 것은 정탐꾼에 뽑힌 이후이다. 10대 2로 나뉜 이후에 갈렙은 용맹심은 물론이고 영적으로 성숙한 진보를 이루어 냈을 것이다.

그러나 여호수아가 누렸던 교제권은 허락되지 않았다. 갈렙은 그걸 알았다. 그래서 후임자로 여호수아가 지명되었을 때에 중년의 시험을 잘 견디어 낼 수 있었다. 오스왈드 샌더스는《하나님의 학교를 졸업한 사람들》에서 이렇게 말한다.

> "세상적인 기준으로 볼 때에 그가 화를 내고 원망을 해도 정당했을 것이나 그는 영적인 온전함을 유지하였다. 그는 꾸준히 성장하는 가운데 오래 계속되는 시험을 이겨 내었다. 그는 하나님의 다루심에 대해 성을 내지 않았던 보기 드문 사람 중의 하나였다. 모세가 죽었을 때, 지도자로 뽑힌 것은 갈렙이 아니라 여호수아였다. 그는 군대의 부사령관도 되지 못하였다. 그의 마음에는 여호수아에 대한 질투도, 하나님께 대한 쓴 마음도 없었다. 그는 기꺼이 낮은 위치에서 봉사하였다."

후계자 경쟁에서 탈락한 갈렙은 재기가 불가능해 보였다. 더 이상 그의 시대는 없을 것이다. 여호수아가 생존하는 동안은 조연 역할로 만족해야만 했다. 앞서지도 뒤서지도 않게 포지션을 지키며 살아야 했다. 그는 중장년으로 이어지는 40년을 그렇게 살았다.

갈렙은 후계자 탈락이라는 위기 앞에서 개인의 명예와 이익보다는 민족을 생각했다. 여호수아와 경쟁 관계였다면 흔들렸겠지만, 히브리 민족의 일원으로 민족이 잘되는 것을 우선으로 생각했기에 동역자의 입장에 설 수 있었다. 그래서 광야에서는 조연으로, 가나안에 입성한 이후에는 2인자의 자리에서 도울 수 있었다. 아울러 하나님의 주권을 믿었고 모세를 믿었다. 갈렙은 오직 하나님을 바라보았다. 그에게 중요한 것은 백성들을 인도하는 진정한 지도자는 하나님이시라는 사실이다. 하나님이 인도하시는 행렬에 반대할 필요도, 딴죽을 걸 필요도 없었다. 여호수아의 지도력을 훼방한다는 것은 하나님에 대한 대적이다. 그러기에 어떠한 일에서도 꼭 지켜야 할 조연과 2인자로서의 선을 넘지 않았다.

이자익 목사와 조덕삼 장로의 우정

김제에 117년 역사의 한옥예배당 금산교회가 있다. 우리나라에 둘만 남은 기역자 예배당이다. 일자 모양 집에 부엌이나 외양간을 직각으로 붙인 옛 고패집을 닮았지만, 마루가 없다. 방문도 없이 모두 벽이다. 대신 기역자 양쪽 마구리에 하나씩 문을 달아 드나든다. 문 위에 '대한예수교 장로회 금산교회'라는 편액이 붙어 있다.

금산교회는 마을 지주 조덕삼이 미국 남장로회 소속 테이트(L. B. Tate, 한국명 최의덕) 선교사의 전도를 받고 유교 집안에서 기독교로 개종하며 시작된 교회이다. 비단 장사와 인삼, 마방을 하여 크게 재산을 모은 재력가였다. 워낙 부자이기에 집이 동네 사랑방이 되어 선교사의 가르침을 받았다. 이 집에 이자익이라는 머슴이 마부와 일군으로 지내면서 성실하고 책임감 있게 일을 잘해서 크게 신임을 받았다. 이자익은 경상남도 남해 출신으로 여섯 살에 고아가 되었다. 고된 머슴살이 일과를 마치고 나면 딱히 할 일도 없어 사랑방 문밖에 앉아 선교사의 말을 들었다. 처음에는 소일거리로 흥미로 듣다가 그 말씀에 빠져서 예수님을 믿게 되었다.

1906년 6월 금산교회에서 이자익은 주인 조덕삼, 그리고 박화서와 함께 집사로 임명을 받는다. 교인들이 소나무를 베어 와 기역자 교회를 지은 이듬해 1907년, 새해 첫 주일에 전주에서 조사를 대동한 테이트 선교사가 예배를 인도한 후에 새해 일꾼을 발표하였다.

"그동안 우리 금산교회도 많이 발전하였으며, 제가 올 수 없는 날도 많아질 것 같으므로 두 명의 영수를 발표하겠습니다."

영수 직분은 교회의 살림과 행정을 맡고, 목사나 장로를 세울 때까지는 설교까지 맡아서 하는 주요 직분이다. 선교사는 마을 지주인 조덕삼 집사와 머슴 이자익 집사를 영수로 임명했다. 머슴을 영수로 임명하다니, 당시 사회상으로는 상상할 수 없는 일이지만 교인들은 기쁨으로 받아들였다. 이 일로 점점 교인들이 모여들었다. 세례 교인이 30명이 넘었다. 영수를 세우고 2년 후 장로 투표를 했다. 누구나 조덕삼 영수가 장로가 되리라 예측했는데 이외의 상황이 벌어졌다. 이자익이 피택된 것이다. 교회가 시험에 들 상황이었다. 이때 조덕삼 영수는 머슴이 자기를 제치고 장로로 피택 되었다는 발표를 듣고 발언권을 얻어 교인들에게 인사했다.

"우리 금산교회 교인들은 참으로 훌륭한 일을 해냈습니다. 저희 집에서 일하고 있는 이자익 영수는 저보다 신앙의 열의가 대단합니다. 참으로 감사합니다."

테이트 선교사는 내심 조덕삼 영수가 낙선되니 고민했다. 당시 조선 사회는 천민과 양반과의 계급이 심했기에 '만일 조덕삼이 장로 선거에 떨어져 낙심하여 좁은 마을에 따로 교회를 세우면 어떠하나' 걱정했던 것이다. 조덕삼의 의연한 태도에 선교사는 크게 놀랐다. 테이트 선교사는 레이놀즈(William D. Reynolds, 한국명 이눌서) 선교사에게 목회지에서 일어난 놀라운 일을 이렇게 전한다.

"선교사님, 제 당회 구역에서 장로를 선출하였는데 지주는 낙방하고 그 집에서 일하는 머슴이 장로로 선출된 일이 있었습니다. 그런데 참 놀라운 것은 지주가 나와서 '참으로 감사합니다'라고 인사를 하는 것이 아니겠습니까?"

양반과 천민의 차별이 심하던 시대, 조덕삼 영수는 군말 않고 열두 살이나 아래인 머슴을 장로로 섬겼다. 나중에는 이자익이 신학교에 들어가서 목사가 되는 일체의 경비를 도왔다. 목사가 되었을 때 금산교회 당회장으로 청빙하는 일에 앞장을 섰고 끝까지 잘 섬겼다. 이자익은 금산교회와 원평교회를 목회하며 전북노회장, 장로회 총회장을 세 번 지내고 대전신학대학을 설립했으며 장로교 헌법의 기초를 닦은 거목으로 섰다. 주인과 머슴, 장로와 목사간의 우정이 지금도 기역자 예배당에 밴 솔 내음같이 향기롭다.

조덕삼 장로는 머슴에게 뒤처지는 굴욕을 겪었지만 갈렙처럼 오직 믿음으로 옳은 길을 걸었다. 하나님이 갈렙에게 자손의 복을 주었듯이, 조덕삼 장로에게도 자손의 복을 주셨다. 아들 조영호 역시 장로로 부친이 세운 민족학교 유광학교의 교장을 지냈다. 학교에서 태극기를 그리게 했고 3.1운동 때 태극기 시위에 함께했다. 일본 경찰에 체포되어 곤욕을 치렀고 북간도로 건너가 독립활동을 했다. 그의 아들이 언론인이자 4선 국회의원, 주일대사를 지낸 조세형이다. 조세형 의원 역시 할아버지 아버지를 이어 3대째 장로로 섬기다 별세하였다.

조덕삼 장로는 비록 52세의 짧은 생을 살다 갔지만, 열심과 겸손의 미덕이 있는 신자였다. 머슴과의 투표에서 떨어졌지만 조금도 흔들리지 않고 교회를 지키며 그 머슴을 장로로, 목사로 존경하며 거의 평생을 함께하던 온전한 삶은 장로 직분의 귀감이 된다. 순간적인 자존심에 믿음과 교회 사랑을 버리고 떠나는 사람들이 종종 있는 한국 교회이기에 갈렙과 조덕삼 장로와 같은 직분자들이 그리워진다.

중요한 것은 백성들을 인도하는
진정한 지도자는 하나님이시라는 사실이다.

13장

진리를 공유한 우정이라 끈끈했다

갈렙은 2인자, 조연의 위치에 있었다. 이 자리는 위험하다. 조연은 자칫 제풀에 무너지고 2인자는 까불어 대다 하루아침에 잘릴 수 있다.

그러나 갈렙은 오랜 세월을 그 자리에 충실했다. 어떻게 그럴 수 있었을까. 그것은 여호수아와 쌓은 우정의 힘이라 보면 된다. 두 정탐꾼 출신이 경쟁을 일삼았다면 어디서건 불협화음이 일고 공동체에 분열 조짐이 보였을 텐데, 가나안에 입성한 이후에도 정복 전쟁이 차질 없이 진행된 것을 보면 여호수아에게 갈렙은 그제나 이제나 든든한 동역자이다. 기성세대는 광야에서 죽었기에 여호수아를 제외하고는 갈렙만큼 영향력 있는 지도자는 없었을 것이다. 그는 직함과 관계없이 모두가 공인하는 2인자 반열에 올라섰다. 그러면서 오랜 세월을 변함없는 우정의 관계를 유지했다.

친구란 무엇인가

하버드대학교 심리학 교수 댄 길버트(Daniel Gilbert)는 인간에게 가장 행복을 주는 것은 가족과 친구라고 했다. 영국 연구진에 의

하면, 사랑과 우정을 통해 친구, 가족과의 상호 작용이 각 개인에게 연간 최대 8만 5,000파운드(약 1억 3,750만 원)의 가치가 있는 것으로 전해진다.

갈렙은 정탐꾼의 일원으로 여호수아와 한 편이 되면서 평생을 함께하는 우정이 형성된다. 적진에서 40일 동안 생사를 나눴고, 공개 보고서에 같은 '소수 의견'을 내놓는 바람에 돌에 맞아 죽을 뻔 한 위기를 공유했다. 그만큼 두 사람 사이에는 우정이라는 끈이 있었다. 만약 둘 사이에 서로를 귀하게 여기는 우정 없이 그저 주연과 조연, 1인자와 2인자의 자리만 있었다면 그 관계는 언제라도 깨어졌을 것이다. 그들은 오랜 친구로 서로를 성장시켰다. 두 사람의 끈끈함을 보면서 '우정의 힘'을 실감하게 된다. 할레드 호세이니는 "친구는 나와 아무 말을 나누지 않더라도 할 말이 없어서가 아니라 아무 말도 필요 없는 사이인, 남들이 내 얼굴의 미소를 보는 동안 내 눈의 슬픔을 이해하는 사람인, 서로 반대 방향을 향하더라도 나란히 곁에 있어 주는, 그런 사람이다"라고 말한다.

그렇다면 우리는 관계를 맺는 수많은 사람 중 어디까지를 '친구'라 부를 수 있을까? 진화인류학자이자 옥스퍼드대학교 교수 로빈 던바(Robin Dunbar)는 《프렌즈》(어크로스, 2022)에서 친구를 "공항에서 누군가를 기다리기 위해 앉아 있다가 우연히 만났을 때 그냥 보내지 않고 옆에 앉히고 싶은 사람"이라고 정의한다. 로빈 던바에 따르면 한 사람이 안정적으로 관계를 유지할 수 있는 '친구'의 수는 최대 150명이다. 그래서 150을 '던바의 수'(Dunbar's Number)라 말한다.

로빈 던바는 인간관계를 '우정의 원'이라는 동심원 그래프로 설명한다. 기대어 울 수 있는 '절친'의 범위는 최대 다섯 명까지, 죽는다면 진짜로 슬플 것 같은 '친한 친구'의 범위는 열다섯 명까지다. 50명까지는 '좋은 친구'로 파티에 부를 만한 사람들을 칭하고, 그냥 '친구'인 150명까지는 결혼식 하객으로 초청할 만한 사람이다. '친구'라 정의할 수 있는 150명까지를 도와줄 때는 보상을 바라지 않지만 150명 이후의 사람들에겐 '나중에 호의를 되돌려 달라'고 기대한다.

그러면 어떤 사람들이 오랜 우정을 나누며 친구로 살아갈 수 있을까. 자신과 공통점이 많아야 한다. 비슷한 사람들과 어울리려는 경향, 즉 동종선호에 주목한 스탠퍼드 대학의 경제학 교수 매슈 잭슨(Matthew O. Jackson)은 《휴먼 네트워크》(바다출판사, 2021)에서 끼리끼리 무리 짓고 분열하는 인간 네트워크를 날카롭게 해부한다. 미국 고등학생 중 같은 인종끼리 친구일 확률은 서로 다른 인종일 때보다 열다섯 배 높으며, 미국의 백인 중 4분의 3이 다른 인종의 친구가 한 명도 없다. 매슈 잭슨은 "동종선호는 성(性), 인종, 종교, 나이, 직업, 학력, 출신 지역 등 다양한 차원에서 나타나며

인류의 역사에 걸쳐 거의 모든 사회에서 나타난다"고 주장한다. 우테 에어하르트도 "약 90퍼센트가 거주지의 30킬로미터 반경 안에서 사는 사람과 결혼한다"고 《거짓말의 힘》에서 말한다.

이와 관련해서 로빈 던바는 동종 선호 경향의 네트워크가 형성되는 데 필요한 일곱 가지 기준을 제시한다.

첫째, 같은 언어 또는 방언을 사용한다. 1970년대에 사회언어학자들은 그 사람의 억양과 사용하는 단어만 가지고도 고향을 35킬로미터 이내 오차로 알아맞힐 수 있다고 생각했다.

둘째, 같은 지역에서 자랐다.

셋째, 같은 학교에 다녔거나 비슷한 업종에서 직장생활을 했다.

넷째, 취미와 관심사가 같다.

다섯째, 세계관이 일치한다. 여기서 세계관이란 종교적 성향, 정치적 견해 따위의 것을 말한다.

여섯째, 유머 감각이 비슷하다.

일곱째, 같은 음악적 취향을 가지고 있다.

이 책에서 로빈 던바는 "친구가 많을수록 덜 아프고 더 오래 산다"는 연구 결과를 소개한다. 카이스트(KAIST) 바이오및뇌공학과 정재승 교수는 《프렌즈》 해제에서 "우정은 스트레스를 줄이고 행복감을 상승시키며 면역력을 높여서 실제로 암이나 심장병, 치매 등의 발병률을 유의미하게 줄인다"고 적는다.

그러나 친구가 다 좋은 것은 아니다. 해로운 친구도 있다. 상처는 바로 그런 친구들에게서 많이 받는다. 극작가 벤 존슨(Ben Jonson)은 "참다운 행복을 만드는 것은 많은 친구가 아니라 제대로 선택한 좋은 친구"라고 말한다. 친구는 아무렇게나 사귀는 것이 아니라 신중하게 '선택'해야 한다는 사실을 깨우쳐 준다. 실제로 우리는 살면서 나쁜 친구를 만나기도 한다. 그럴 때는 이 관계를 지속할 것인지 끝낼 것인지를 두고 심각한 고민에 빠지곤 한다.

기독교 변증가 C.S. 루이스(C.S. Lewis)는 《네 가지 사랑》(홍성사, 2019)에서 우정 역시도 교묘하고 끔찍한 죄에 물들 수 있음을 분명히 한다. 영원한 사랑과 행복을 꿈꾸면서 결혼하는 연인이 정작 결혼 생활을 하면서 실망스러운 요소들과 판단하기 어려운 복잡한 상황들을 마주하게 되는 것처럼, 친구 관계 역시 부정적인 측면을 배제하기란 힘들다.

성경 속 세기의 우정

앞에서 말한 '던바의 수'로 해석한다면 갈렙과 여호수아는 오랜 '절친'이다. 절친은 힘들고 어려울 때 '기대어 울 수 있는' 친구지만, 두 사람의 관계는 이를 넘어선다. 그들의 우정은 단순히 동성 간의 '친구의 정'이 아니라 '진리에 근거한 우정'이라는 사실을 명심해야 한다. 성경에서 이런 관계를 잘 드러내고 있는 것이 다윗과 요나단의 우정이다.

레베카 피펏(Rebecca Pippert)은《하나님의 마음에 합한 사람》(IVP, 2003)에서 다윗과 요나단의 우정 문제를 명확하게 해석한다. 요나단은 아버지를 사랑했지만, 그의 죄도 알았다. 아들로서 아버지께 충성하고 싶었지만, 그의 행동에 질려 버렸다. 아버지를 향한 충성과 다윗을 향한 우정이 상충할 때 사랑은 요나단에게 무엇을 요구하고 있을까? 다윗을 죽이라고 요구하는 마당에 어떻게 아버지를 존대하라는 말씀을 따를 수 있을까? 이웃을 내 몸처럼 사랑하려면 아버지와의 관계를 끊을 수밖에 없다. 그렇다고 다윗을 따르고 아버지의 명을 거역한다는 것은 십계명의 제5계명을 어기는 일이다.

요나단은 아버지에게는 아들이지만 다윗에게는 친구였다. 양쪽 사이에서 부모에 대한 충성과 친구에 대한 사랑을 추구했지만, 그것은 고민스럽고도 불가능한 딜레마였다. 요나단의 사랑은 시험대에 오른다. 아들의 입장에 설 것인가, 친구의 편을 들 것인가. 아버지에게 진실할 것인가, 친구에게 진실할 것인가. 효도인가, 사랑인가. 성경도 양쪽을 다 포함하고 있다. 부모에 대해서는 공경을 명하고 친구, 즉 이웃에 대해서는 사랑을 명한다.

괴로운 숙고 끝에 요나단은 결정을 내렸다. 다윗에게 아버지의 입장을 이해시키려 하기 보다는 아버지에게 다윗을 이해시키려 했다. 중재가 되지 않자 요나단은 다윗 편에 섰다. 다윗에 대한 우정이 너무 깊어서 아버지의 말에 개의치 않고 친구를 지지했을까. 다윗에게 충성하기로 작정한 요나단의 이면에는 우정보다 더 강한 게 있었다. 효도도 아니고 우정도 아닌 '진리'를 따른 것이다.

진리는 하나님의 언약이다. 유다 지파만이 왕의 혈통이 된다는 언약이다. 그 언약이 진리였다. 그래서 요나단은 효도보다, 우정보다 항상 진리 편에 섰던 것이다. 아버지 사울은 하나님의 진리와 함께하지 않았다. 진리를 추구하기 위해서는 불효라는 느낌을 극복해야만 했다. 자기가 사랑하는 사람을 보호하거나 감싸 주고 싶은 마음을 접어야만 할 수도 있다.

요나단은 우정을 선택했고 대가는 혹독했다. 우정을 위해 왕위를 버렸던 것이다. "여호와께서 내 아버지와 함께하신 것같이 너와 함께 하시기를 원하노니"(삼상 20:13)라는 요나단의 말은 왕위를 포기하는 충격적인 발언이다. 요나단은 진리와 우정을 위해 기꺼이 대가를 지불했다. 그래서 '세기의 우정'이라는 랭킹에 자리매김을 하고 있는 것이다.

질투마저 극복한 우정

요나단은 왕의 아들이면서도 왕좌는 내 것이 아님을 알았다. 하나님의 언약 하에서 2인자로 얼마든지 다윗을 주군으로 섬길 자세가 되어 있었다. 그러니 나도 살고 너도 살았다. 요나단이 일찍 전사하지 않고 다윗의 치하에서 살았다면 멋진 신하이자 친구로 빛나는 삶을 살았을 것이다. 하지만 사울은 질투의 늪에 빠져 하나님의 거룩한 사역을 망치고 자손 대대로 불행해졌다.

갈렙도 중장년의 위기 상황에서 일편단심으로 흔들리지 않았다. 2인자의 자리에 만족하면서 여호수아를 도왔다. 근저에는 믿음과 함께 우정이 자리를 잡고 있다. 경쟁의 자리가 아닌 상생의 자리에서 함께했다.

런던에 유명한 세 목회자가 동시대를 살았다. 그리스도교회의 프레드릭 마이어(Frederick B. Meyer), 침례교회 찰스 스펄전(Charles H. Spurgeon), 웨스트민스터교회의 캠벨 몰간(Campbell G. Morgan)이다. 캠벨 몰간이 잠시 미국에서 사역하다 영국으로 돌아와 웨스트민스터교회를 담임하면서 교회가 크게 부흥했다. 프레드릭 마이어에게 질투심이 생겼다. 캠벨 몰간이 미국에 있을 때는 그를 위해 기도하기 좋았는데, 같은 도시에서 일하게 되니 기도하지 않게 되는 현상이 나타난 것이다. 그래서 프레드릭 마이어는 "시기와 질투를 없애 주옵소서" 하고 기도했다. 아무리 기도해도 시기심은 사라지지 않았다. 그때 하나님이 그에게 이런 음성을 들려주셨다.

"네 기도를 바꾸어라. 질투를 없애 달라 기도하지 말고 축복을 위해 기도하라."

그래서 프레드릭 마이어는 기도를 바꾸었다.

"하나님, 찰스 스펄전과 캠벨 몰간과 그 교회들을 축복해 주옵소서!"

그러자 평안과 기쁨과 자유가 돌아왔다. 프레드릭 마이어는 어느 날 공개적인 자리에서 이런 유명한 기도를 한다.

"하나님, 몰간 목사님의 교회를 축복해 주셔서 예배당에 사람이 가득 차게 해 주옵소서. 성도들이 더이상 들어갈 자리가 없거든 우리 교회로 보내 주시옵소서."

셋은 동시대에 살면서 아름답게 주님을 위해 사역했으며, 세 교회는 함께 성장했다. 질투의 마음을 우정으로 극복하면서 서로를 성장시켰다. 이것이 갈렙이 2인자로 성공하면서 장년의 위기를 넘기게 된 비결이다.

열두 정탐꾼 중에서 두 사람만이 남았다. 상대방을 경쟁자로 만들 것인가, 친구로 만들 것인가 하는 선택의 기로에 놓였다. 갈렙과 여호수아에게는 동종선호의 요소가 많다. 그들에게는 하나님과 그분의 약속이라는 동일한 가치관이 있었다. 바로 그 두 요소가 평생 우정을 나누는 친구로 살게 했다. 교회 안에서조차 어느 때보다 점점 무리를 지으면서도 또 분열하는 시대를 살고 있다. 진리에 근거한 우정만이 사랑과 믿음을 빛나게 한다. 갈렙처럼.

4부 노년 갈렙, 드디어 피어나는 연륜의 미학

14장

2인자에게도 정도(正道)가 있다

갈렙은 가나안 입성 이후에야 다시 무대 위에 오른다. 여호수아가 모세 사후에 지휘관을 넘겨받아 가나안 정복의 총사령관에 오르게 되었을 때, 그 옆에 갈렙이 있었다. 7년간의 가나안 정복, 8년간의 기업 분배는 여호수아와 갈렙에 의해 주도되었으며, 약 16년에 걸친 정복 전쟁과 분배의 과정을 통해서 정착이 완성되었다.

갈렙은 여호수아보다 오래 살았다. 갈렙은 가나안 입성 이후 16년 동안 소위 2인자의 자리에서 여호수아의 오른팔로 정복 전쟁의 승리와 가나안 정착에 일등공신 노릇을 했다.

갈렙의 훌륭한 점은 주연으로도 손색 없는 실력을 갖고도 2인자의 포지션에서 벗어나지 않았다는 것이다. 그는 너무 특출한 전사이기에 2인자로는 채워지지 않는 부분들이 있었을 것이다. 2인자의 삶은, 그것도 실력과 능력이 1인자와 별반 차이나지 않는 2인자의 삶은 고독하다. 오랜 세월을 그 자리에서 머물며 견디는 것은 쉬운 일이 아니다. 광야를 지냈던 2인자들의 면면을 보면 더욱 실감할 수 있다.

2인자는 위기의 자리

미리암은 모세의 친누이였다. 생후 3개월 된 모세를 갈대 상자에 눕혀 나일강에 띄웠을 때 몰래 뒤따르다가, 그 상자를 애굽 공주가 건지는 것을 보고 공주에게 모친을 유모로 소개한 여인이 미리암이다. 그런 연유로 누구보다도 모세를 사랑했고 애틋하게 여겼다. 그랬던 미리암도 권력 앞에서는 2인자의 자리가 성에 차지 않았던 것 같다. 공개적으로 모세를 비난하는 일에 나섰다(민 12:1-2). 대지도자 신분으로 이방인과의 결혼이 하나님의 뜻에 어긋난다고 단편적으로 판단했기 때문이다.

사실 미리암은 독점적으로 주어진 모세의 리더십에 대해 불만이 있었다(2절). 미리암에게 모세는 민족의 지도자 이전에 항상 보살펴 주어야 하는 동생이다. 갈대 상자에 누워 강줄기를 따라 떠내려가던 그때, 그 모습을 하릴없이 바라만 봐야 했던 미리암의 심정은 아론과는 달랐을 것이다. '동생 모세는 내가 보살펴야 해'라는 모성애 내지는 독점욕이 고착되어 있었을지 모른다. 그래서 모세가 잘못 처신하는 것으로 보여 누나의 마음으로 나무라며 반발했을 것이다. 그러다가 한센병을 얻는 궁지에 몰리게 되었다. 2인자의 자리를 지켜 내지 못해 사달이 났다.

아론은 어땠을까. 시내산에 올라간 모세가 40여 일이 되어도 소식조차 없었다. 백성들은 동요하며 아론에게 형상의 신을 요구했다(출 32:1). 백성들이 요구하는 중심에는 '모세의 신'이 아니라 애굽에서 신봉했던 송아지 형상의 신을 만들어 당신이 우리를 인도해 달라는 것이다. 고대 세계에서 소는 흔히 신성의 상징이다. 아론은 백성들의 요구를 따라 송아지 형상을 만들고 여호와 경배라는 명분은 유지했지만 명백한 우상숭배였다.

아론은 이러면 안 된다고 강력하게 제지할 수 있었지만, 요구를 못 이기는 척 따라갔다. 의도적으로 모세를 대적하려는 배짱은 없었다. 성품 자체가 타고난 성직자이다. 성직자라고 1인자가 되지 말라는 법도 없다. 신정국가에서 종교 최고지도자가 국가 최고지도자가 될 수도 있다. 이슬람 공화국을 표방하며 성직자들이 최고지도자로 군림하는 이란의 정치 행태가 그런 것이다. 모세의 행방이 묘연한 상태에서 백성들이 일어서면 자칫 엉뚱한 사람에게 지도력이 넘어갈 수도 있다. '그럴 바에는 내가…' 하는 마음이 아론에게 왜 없었겠는가. 아마도 그는 그런 마음으로 송아지 형상의 우상을 만들어 내었을 수도 있다. 2인자의 위치에서 흔들렸던 아론의 모습이다.

레위의 증손 고라 일당의 반역은 2인자의 삶이 얼마나 위태로울 수 있는가를 보여 주는 단적인 사건이다(민 16장). 고라는 르우벤 부족과 지도자들을 규합하여 모세에게 반기를 든다. 모세는 정치지도자, 아론은 종교지도자, 미리암은 여성 지도자니, 한 마디로 '너희 집안이 다 해 먹는다'는 것이다. 고라는 모세와 아론의 친사촌으로 성막 봉사와 백성의 종교 교육에 대한 책임을 맡은 고위급 레위인이다(민 8:14-22). 고라는 자신도 사촌들처럼 정치, 종교지도자의 자격과 자질이 충분히 있다고 생각하여 대적하려 했던 것 같다.

고라 일당의 반란 계획에 르우벤 부족은 왜 동조했을까. 르우벤은 열두 지파의 만형 부족이다. 조상 할아버지의 실수(창 35:22, 49:3-4)로 실추된 자신들의 가문의 명예와 지위를 회복하기 위해 '당'을 짓는 고라의 반역에 쉽게 가담했던 것 같다. 여기에 열두 지파에 고루 포진된 지휘관급 지도자들이 동조한다. 사회적 신분, 지위, 역할이 지도자 위치에 있는 유능한 인사들이다. 애굽에서는 나름대로 상당한 권력을 행사해 왔을 것이다. 혜성 같이 나타난 모세가 아론과 미리암을 중심으로 신탁에 의한 리더십을 독점하자 자신들의 권한은 유명무실해졌다. 모세의 지도력은 절대적인 권위를 갖고 있었고 백성들의 전폭적인 신임을 받고 있어 불만이 있더라도 참고 견디었다. 그러다가 고라의 반역에 함께 뛰어들었다. 이들 역시 자리에 만족하지 못한 것이다. 그들은 모세와 일가를 향해 "너희가 분수에 지나도다"(민 16:3) 항의했지만 사실 분수에 넘치는 이들은 모세가 "레위 자손들아 너희가 너무 분수에 지나치느니라"(7절) 지적한 것처럼 오히려 그들이었다. 2인자가 제

분수를 지킨다는 것은 그만큼 어렵다는 사실을 보여 준다.

2인자를 리더로 둔 유다 지파는 어땠을까

2인자 신분인 갈렙에게 찾아온 위기는 유다 지파 구성원의 범죄였다. 유다 지파 중에서 불상사가 일어난 것이다. 여호수아 군대는 가나안의 관문 여리고성을 한 방에 함락시켰다. 승리의 기세를 몰아 아이성으로 돌진했다. 아이성은 여리고 성읍에서 북서쪽으로 16킬로미터 정도 떨어진 곳에 위치한 작은 성읍으로 해발 800미터 산지에 있었다. 정탐꾼을 보냈는데, 그들은 돌아와서 성읍이 작고 허술하니 2~3,000명이면 충분하다고 보고했다. 아이성의 주민은 약 1만 2,000명(수 8:25 참조), 출정할 수 있는 용사는 대략 3,500~4,000명가량이었다. 그러니 쉽게 생각한 것이다.

결과는 서른여섯 명의 전사자를 내고 퇴각했다. 이스라엘 군대의 위세에 위축되어 있던 가나안 전역의 원주민들에게 허점을 보이고 말았다. 패배의 원인은 여리고성에서 누군가 하나님께 '온전히 바친 물건'을 훔친 것이다(수 7:21). 금, 은이나 외투를 훔친 단순한 도둑질이 아니다. 하나님께 전적으로 바칠 저주받은 물건, 곧 '헤렘'에 손을 댄 것이다. 사안이 중요했다.

가나안의 전쟁은 성전(聖戰)이다. 전리품과 포로는 당연히 여호와 하나님의 것이다. 군사력이 열세인 이스라엘은 출정에 앞서

"주께서 만일 이 백성을 내 손에 넘기시면 내가 그들의 성읍을 다 멸하리이다"(민 21:2) 하고 맹세했다. 이 맹세는 "저 백성을 제 손에 넘겨주시면, 그들의 성읍들을 헤렘으로, 완전한 봉헌물로 바치겠습니다"는 의미이다. 즉 하나도 손에 넣지 않고 전멸하겠다는 서약이다. 모세는 시혼과 바산과 싸워 전멸시켰고(신 2:34, 3:4-7), 훗날 여호수아도 맹세한 성읍들을 모두 전멸시켰다(수 10:40, 11-12장, 14:15, 20).

이처럼 여리고 성읍에 속한 모든 것은 맹세에 근거해서 개인적으로 취하면 안 되는 것이다. 그런데 아간이 금지 품목에 손을 댔다. 아간은 죄를 고백하고 나섰지만, 사건은 만만치 않았다. 당사자 아간은 물론이고 일족이 돌에 맞아 죽을 형국에 처했다. 유다 지파가 도둑놈 취급을 당하게 생겼다. 지파 구성원들은 수치감에 어쩔 줄을 몰랐다. 땅 분배 과정에서 감점 요소가 되지 않을까 염려하기도 했다. 유다 지파의 정서적 위기였다.

갈렙 역시 위기를 느꼈다. 2인자로서 충분한 실권도 있었다. 한 번만 눈감아 주자고 여호수아와 백성들을 설득할 수도 있었다. 헤렘 맹세를 번복할 수는 없겠지만 일가족 몰살을 피하고 추방이든 몇 배로 배상하든 방법이 있을 것이다. '만약 내 의견이 받아들이지 않는다면 앞으로 협력하지 않겠다'는 으름장을 놓을 수도 있었다. 그러면 여호수아도 아간을 벌하기 곤란해졌을 것이다.

그런데 갈렙은 2인자의 지위를 사용하지 않았다. 전권을 여호수아에게 맡겼다. 아간은 용서받지 못했고 화장당했다. 끔찍한 일이었다. 초대교회에서 일어났던 아나니아와 삽비라 부부의 비극과 같다(행 5:1-11). 아간 일가족에 대한 처형은 유다 지파 구성원들에게 불만으로 작용할 수 있다. 전쟁에서 전리품 정도를 취했다고 본인은 물론 가족까지 몰살당해야 하느냐 토로할 수도 있었다. 아마도 불만은 갈렙을 겨냥했을 것이다. 지파의 이익을 제대로 챙겨 주지 못하고 왜 맨날 조연으로 2인자의 자리에 머물러 있느냐 불평할 수 있었다.

이때에도 갈렙이 지파 구성원들을 달래고 나섰을 것이다. 헤렘의 맹세에서 지파 구성원들도 별다른 방법이 없다 이해해 주었겠지만, 갈렙의 리더십은 이미 상처를 받았을 것이다. 유다 혈통을 지켜 주지 못했다는 마음도 두고두고 걸림이 되었을 것이다. 그가 순혈이 아니었기에 더욱 그렇다. 이것이 비정통 출신 2인자가 겪어야 하는 고충이다.

갈렙은 누구와도 경쟁하지 않았다

이처럼 2인자는 권력에 대한 유혹과 함께 한계를 느끼며 산다. 최고의 자리에 대한 유혹은 쉽게 뿌리칠 수 없다. 그것을 얻고자 2인자의 자리에서 솟아오르든지 2인자의 자리를 지켜 내느라 비굴해지거나 납작 엎드려 숨을 죽인다.

복준영은 《2인자 처세학》(넥서스BIZ, 2011)에서 2인자가 경계해야 할 주의사항을 말한다. 2인자는 1인자에게는 항상 위협적 존재이다. 그러므로 본심을 드러내지도, 떠들고 다니지도, 1인자의 역린은 건들지도, 지나치게 영향력을 키우지도 말아야 한다. 스스로 몸집을 제어하고 조절하는 역량이 필요하다. 2인자가 계속 무능력하거나 지나치게 1인자를 추종하면 오히려 무시당할 수 있다. 조직에서는 자리보전에 급급한 무능력자로 지도력을 잃게 될 수 있다. 그러므로 2인자가 되기 위해서는 타인에게 자신이 어떻게 인식되고 있는지 파악할 필요가 있다. '1등만 바라보고 기억하는 사회'에서 2인자의 처세는 그만큼 힘들다는 의미다.

갈렙이 가나안 정복 기간에 평생 승자도 패자도 아닌 어정쩡한 자세로 2인자 자리 보전에나 급급했다면, 하나님이 그를 온전한 사람으로 인정하지 않으셨을 것이다. 갈렙은 다양한 상황에 직면했지만 주어진 자리를 이탈하지 않고 2인자 자리를 꿋꿋하게 지켜 냈다. 세상에는 두 종류의 사람이 있다. 자기 길을 걷는 사람과 남의 길을 구경하며 가는 사람이다. 갈렙은 남이 걷는 영광의 길을 부러움과 시샘의 눈으로 보며 걷는 구경꾼이 아니라 자기 길을 뚜벅뚜벅 걷는 온전한 2인자였다.

마이크로소프트(MS)사를 반석 위에 올려놓은 1등 공신은 사실

스티브 발머(Steven A. Ballmer)이다. 스티브 발머는 빌 게이츠의 둘도 없는 친구이다. 둘은 하버드대학교에서 만나 친구가 되었고 30년의 우정을 쌓았다. 마이크로소프트사를 이루면서 함께한 시간만 20년이었으니, 스티브 발머는 빌 게이츠의 동역자로, 친구로, 그러면서도 철저히 2인자로 처신했다. 빌 게이츠가 모든 비밀을 털어놓을 정도로 가까운 친구 사이로서, 기술적 지식은 있으나 영업력이 떨어지는 빌 게이츠를 대신해 판매 영업을 담당해 왔다.

빌 게이츠가 경영 일선에서 은퇴하면서 회사를 스티브 발머에게 맡겼다. 그는 빌 게이츠보다 더 크게 회사를 번창시켰다. 그는 '거대한 야망의 사람' '천재' '카리스마와 강한 추진력, 많은 재능을 가진 사람' 등 많은 평가의 말을 들었지만 언제나 2선에 있었다. 그는 "2인자로 성공하지 못하면 1인자가 될 수 없다"라는 말을 남겼다. 무엇보다 스티브 발머는 일을 사랑했고 회사를 사랑했다. 2인자로 만족하며 20년 정성을 다해 봉사해 왔다. 그래서 대성했다.

갈렙이 그랬다. 2인자로 성공하려면 모든 것을 비우고 버려야 한다. 하고 있는 일을 사랑해야 한다. 자기 일에 만족해야 한다. 겸손은 2인자 자질에서 가장 앞서는 덕목이다. 교회 문제가 왜 복잡한가. 2인자가 되려는 사람이 없다. 2인자의 경력이 시시하다 생각한다. 앞서는 사람이 있으면 꼴 보기 싫다고 비쭉거린다!

세례 요한이 위기를 넘긴 것도 2인자라는 지혜로운 처신 때문이다. 그가 등장했을 때 이스라엘은 메시아의 등장이라고 열광했다. 그러나 그는 예수가 등장하면서 자리를 넘겨주고 자신은 비켜섰다. 만약 그가 비켜서지 않으려 했다면 위기에 처했을 것이다. 그러나 2인자의 자세로, 조연의 자세로 낮아졌기에 여자가 낳은 자 중에서 최고의 인물이라는 예수님의 극찬을 듣는다(마 11:11). 세례 요한의 위기는 지난 2천 년 동안 기억되는 2인자로서의 성공을 가져왔다.

갈렙 역시 2인자에게 항상 존재하는 위기의 파도를 잘 타고 넘어갔다. 갈렙은 어떻게 이 높은 파고를 헤쳐 나갔을까? 여호수아와 경쟁 관계였다면 흔들렸겠지만, 히브리 민족이 잘되는 것을 우선으로 생각했기에 동역자의 입장에 설 수 있었다. 아울러 하나님의 주권을 믿었고 모세를 믿었다. 여호수아의 성공을 진심으로 기원했다. 그러기에 여호수아의 곁에서 조력자로, 2인자로 중년과 장년의 세월을 잘 보낼 수 있었다.

소인이나 부질없는 경쟁을 하지 대인은 소모전의 경쟁을 하지 않는다. 갈렙은 누구와도 경쟁하지 않았다. 오직 하나님만을 주목하고 나아갔다. 그의 목표는 항상 하나님이었다. 하나님과 발맞추기도 힘든데 언제 사람들과 경쟁하겠는가. 우리도 자기 포지션에서 흔들림이 없는 삶을 살아야 한다. 갈렙처럼.

갈렙은 누구와도 경쟁하지 않았다.
오직 하나님만을 주목하고 나아갔다.

15장

노년은 종착역이 아니다

"미국을 다시 위대하게"라는 선거 구호로 당선된 로날드 레이건은 미국 역사에서 가장 강력한 대통령으로 인정을 받았지만, 노년에 치매에 걸렸다. 93세를 살다 보니 걸린 병이다. 영국 정치에 새로운 바람을 일으키며 '철의 여인'이라는 별명을 얻었던 마가렛 대처 영국 총리도 말년에 치매에 걸려 애처로운 모습을 보였다. 노년에 찾아온 위기이다.

노인이 대접받던 시대는 지났다. 그것도 노년기가 짧던 시절 이야기다. 요즘은 너도나도 장수하다 보니 노인이 많다. 오래 산다고 존경을 받기보다 아무것도 할 수 없는 쓸모없는 인간, 시대와 발전에 필요성이 없는 잉여 인간 취급을 받곤 한다. 투명인간 취급을 받는 것이다. 그래서 요즘 젊은 사람들은 마치 자기에게는 노년기가 오지 않기라도 할 것처럼, 큰 문제 일으키지 않고 조용히 사는 것을 노년의 미덕이라 생각한다. 노인 스스로도 그게 자기가 처한 신세라 생각한다.

노년은 위기의 종착역인가

노인의학전문의 루이즈 애런슨(Louise Aronson)은 《나이듦에 관하여》(비잉, 2020)에서 노년을 "냉동식품을 전자레인지에 데워 저녁을 때우고 TV를 보다가 침실로 들어간다. 그리고 실망스럽게도 다음 날에도 살아서 눈을 뜬다"는 말로 그 허전함을 토로한다. 미국인 의사 로버트 버틀러(Robert Butler)는 "사람의 일생 전체가 부모라면 노화는 미움을 받는 의붓자식과 같다"고 말한다. 그만큼 노화는 자연의 순리이면서도 과도한 오명을 쓴다.

늙음은 위기의 종착역이다. 노년이 되면 뚜렷한 이유도 없이 가슴에 구멍이 뻥 뚫린다고들 한다. 이 구멍을 심리학자들은 '실존적 진공 상태'라 한다. 사회적 지위를 얻기 위해 쏟던 에너지, 가족을 먹여 살리기 위해 쏟던 에너지들이 목적지에 도달하면서 철수해 버리는 데서 오는 노년층의 공허감이다. 그래서 노년은 허탈과 외로움으로 우울증에 빠지거나 치매로 현실에서 도피하게 되는 위기의 시대이다.

후기 노년에는 감당하지 못할 변화가 일어난다. 신체적으로는 체력과 건강 상태가 저하되고 그 속도가 가속화되어 전반적인 신체 기능이 퇴화한다. 젊었을 때는 육체가 내 하인이다. 아무 곳이라도 가자면 두려움이 없다. 나이가 들면 몸이 상전이다. 여기저기 아프다. 그러면 짜증이 나고 우울해진다. 심리적으로는 지능, 기억력, 정보처리 능력, 사고력, 추상적 사고력 등이 떨어진다. 사회적으로는 지위와 역할에도 큰 변화가 나타난다. 고립되거나, 소중한 사람들과의 사별로 인한 상실감 등 어려움을 겪기도 한다. 그러다 보니 다양한 성격 적응 성향들이 나타난다.

라이카드(Reichard)는 은퇴한 남자 87명을 대상으로 은퇴 후의 성격 및 적응 성향을 조사하여, 노화 과정에 적응하는 다섯 가지 성격 유형을 확인하였다.

첫째, 성숙형 노인이다. 노화 과정을 긍정적으로 수용하고 스스로에 대해 만족하고 적극적으로 활동하며 생활 만족도가 가장 높은 집단이다.

둘째, 은둔형 노인이다. 사회적 활동이 현저하게 축소되고 내면적 삶에 몰두하며 조용한 삶을 살아가는 노인으로서 생활 만족도는 대체적으로 높은 편이다.

셋째, 방어(무장)형 노인이다. 이들은 사회적으로 무기력하고 무가치한 존재로 전락한다는 것에 대해 상당한 불안을 느끼며 결코 사회적으로 은퇴하지 않고 성취 지향적인 삶을 지속해 나간다. 방어형 노인들은 대부분 중간 정도의 생활 만족도를 지닌다.

넷째, 분노형 노인이다. 이들은 자기 인생을 실패한 인생이라 생각하고 주변인들과 시대적 환경을 원망하며 분노감정에 젖어 살아간다. 화를 잘 내고 공격적이어서 사람들과 갈등을 초래하며 생활 만족도가 낮다.

다섯째, 자학형 노인이다. 이들 역시 실패자라 자책하면서 후회감과 비통함에 젖어 우울한 노년기를 맞는다. 심하면 우울증에서 자살까지 이른다.*

노년의 시기는 청년 세대만큼이나 위험하다. 2020년 우리나라의 하루 평균 자살자 수는 37.8명으로, 이는 인구 10만 명 당 24.7명에 해당해 세계 경제협력개발기구(OECD) 중에서 1위를 차지했다. (이데일리, 2021. 7. 19.) 세계 1위의 오명에는 뜻밖에도 노년 자살률이 결정적이었다. 65세 이상 노인 자살률은 OECD 평균과 비교해도 서너 배에 달한다. 보건복지부가 2014년 전국 65세 이상 노인 1만여 명을 대상으로 설문 조사한 결과 자살을 생각한 적이 있다는 노인이 10.9퍼센트였다. 대한민국의 노인세대는 어쩌다 위기의 세대가 되고 만 것일까.

오래 산 것이 자랑은 아니지만

갈렙이라고 노년이 평안하지는 않았을 것이다. 아간 일가족을 지켜 주지 못했고 은퇴 나이가 넘은 85세가 되었지만, 후손에게 물려줄 변변한 땅을 아직도 분배받지 못했다. 젊으면 기다릴 수 있고 기다리다 보면 기회는 온다. 그러나 지금은 성공을 기다려 주지 않는 나이가 되었다. 여호수아는 에브라임 족장으로 큰

---

* 김미혜, 경희대학교 박사과정 논문 "노후 성격 적응 성향과 노인이 지각하는 기혼 자녀와의 갈등 연구" 참조, 한국가정관리학회지 제15권 2호, 1997.

땅을 차지하겠지만 갈렙에게는 제대로 된 땅이 없다. 명분에서는 여호수아에게 뒤지지 않는 지도자의 삶을 살았다. 2인자이면서도 여호수아에게 충성하는 그의 행보는 백성들에게 존경이고 젊은 이들에게는 귀감이었다.

그러나 유다 지파 안에서는 볼멘 목소리들이 새어 나왔을 것이다. 이스라엘 공동체를 위해서는 많은 업적을 남겼지만 정작 부족을 위해서는 한 일이 무엇이냐는 것이다. 당시는 땅 분배가 시행되기 이전이다. 요단 동쪽의 초원지들은 세 지파에게 할당되었으나 요단 서쪽의 가나안 땅은 분배되지 않았다. 만약 이번에 좋은 땅을 분배받지 못하면 지파 사람들의 원성을 크게 받는다. 그러면 그의 생애가 구겨져 버릴 것이다.

갈렙의 신체적인 상황도 위기 요인이다. 그는 문관이 아니라 무관 출신으로 활동가이다. 아무리 단단히 굳어진 체력도 나이를 이길 장수는 없다. 공부만 하는 사람에게는 체력이 전부는 아니지만, 활동가에는 체력이 자산이다. 이제 그 체력이 고갈되면 무엇으로 견딜 것인가. 이런 위기에서 주저앉거나 추억을 회상하는 노년으로 늙어 갈 것인가.

가나안의 땅을 분배하는 일이 시작되었다. 요단 동쪽의 땅들은 이미 세 지파의 소유가 되었다. 요단 서쪽 가나안 땅은 아홉 지파 반이 나눠 가져야 한다. 이때 갈렙이 지파의 구성원들과 함께 길갈에 있는 여호수아를 찾았다. 갈렙은 여호수아에게 청구한다.

"그날에 여호와께서 말씀하신 이 산지를 지금 내게 주소서 당신도 그 날에 들으셨거니와 그 곳에는 아낙 사람이 있고 그 성읍들은 크고 견고할지라도 여호와께서 나와 함께 하시면 내가 여호와께서 말씀하신 대로 그들을 쫓아내리이다 하니" 수 14:12

갈렙은 땅을 요청하면서, 자신은 그동안 불신의 편에 서지 않았음을 언급한다. 하나님의 은혜로 가나안 땅에 입성했으니 하나님이 주시마 약속하신 땅을 이제는 얻고 싶다며 이렇게 말한다.

"… 오늘 내가 팔십오 세로되 모세가 나를 보내던 날과 같이 오늘도 내가 여전히 강건하니 내 힘이 그 때나 지금이나 같아서 싸움에나 출입에 감당할 수 있으니" 10-11절

그는 나이 앞에 당당하다. 85세는 숫자에 불과할 뿐, 그는 자신의 처지에 우울하거나 비굴해하지 않고 자신 있게 말한다. 그는 '젊은 늙은이'였다. 육체와 정신과 신앙적인 건강을 제대로 관리했기에 강건하다고 자부한다. 괴테는 "큰일을 성취하고자 한다면 나이 들어도 청년이 되어야 한다"고 했다. 나이가 들었지만 갈렙

은 청년의 기상을 품고 있었다.

사실 오래 사는 것은 자랑이 아니다. 동창들보다 오래 산다는 것이 때로는 죽음보다 더 나쁠 때가 있다. 변실금이 찾아오고, 아침에 침대에서 혼자 일어나지 못하기도 한다. 24시간 간병을 받으며 영양을 공급받아야 하고, 호흡조절을 위해 튜브를 달고 살 수도 있다. 숨만 붙어 있는 착란 상태로 연명한다면 85세가 무슨 자랑거리가 되겠는가. 그런데 갈렙은 건강을 잘 관리해 왔기에 노익장을 과시하고 있다.

갈렙은 늙어감에 두려움이 없는 사람이다. 나이가 많다고 두려워하거나 부끄러워하지 않는다. 기시미 이치로는《늙어갈 용기》(에쎄, 2015)에서 "질병, 늙음, 죽음은 내가 결정할 수 없지만, 이것들을 어떤 태도와 용기로 맞설까 하는 대처법은 스스로 결정할 수 있다"고 말한다. 허영심과 자만심, 명예욕을 내려놓는 용기만 있으면 곱게 늙을 수 있다는 것을 갈렙도 몸으로 보여 주고 있다. 그는 지치지 않는 전능하신 하나님을 바라보았고, 정신적으로는 적극적으로 사고했고, 매사에 움직이는 활동가였기에 광야 생활 40년에 강인한 체력을 만들 수 있었다. 그리고 마침내 "나는 여전히 강건하다. 그때나 지금이나 내 힘은 같다"고 자부하고 있다.

갈렙은 헤브론을 얻기까지는 늙을 수도, 죽을 수도 없었다. 늙어도 그는 젊게 늙어 가고 있다. 그러니 85세의 인생에는 나이 때문에 겪게 되는 위기는 아직 도착하지 않는 것이다.

힘내, 가을이다, 사랑해

남양주 매그너스요양병원 내과과장 한원주 권사는 94세(2020년) 나이로 소천하기 두 주 전까지 환자를 진료했다. 오전 9시 출근해서 하루 20여 명의 환자를 진료했다. "아무리 나이가 들어도 예쁘게 보이고 싶은 욕구가 있어야 건강하다는 증거"라며 눈썹을 그리고 립스틱을 바르고 출근했다고 한다. 한 권사는 인터뷰에서 "할 수 있는 때까지 일하다 하나님이 부르면 언제든지 '네, 갑니다' 하고 달려갈 것"이라고 말했다. 그러면서 기자에게 이 말을 꼭 써 달라고 했다.

"나이는 정말 숫자에 불과해요. 살아 있는 동안 기쁘게 살며 내 할 일을 할 겁니다."

한 권사가 별세 전 가족과 직원들에게 마지막으로 남긴 말은 "힘내" "가을이다" "사랑해" 세 마디였다. 고인이 죽기 1년 전 93세 가을에 출간한 에세이집 제목은 《백세 현역이 어찌 꿈이랴》다(조선일보, 2020. 1. 15, 10. 5. 기사 참조).

가수 겸 방송인 강수지 씨가 부친상을 당했다. 부친이 생전에 이런 메모를 남겼다고 한다.

"연명 치료하지 마라. 죽으면 내가 입던 양복 입고 갈 거다. 그리고 꽃 같은 거 하지 마라. 그리고 관은 제일 싼 것으로 해라. 그리고 늘그막에 너무나 행복했다."

몇 마디의 말로 자녀들에게 최고의 사랑을 주고 떠났다. 밤새 덮었던 이불을 잘 개 둔 것처럼, 자신의 인생을 잘 마감하는 것은 자녀들에게 죽어서도 계속 존경심을 품게 하고 추억할 때마다 웃음 짓게 하는 아름다운 죽음이다. 혹시나 천국에 대한 소망이 없었다면 그야말로 '옥의 티'다. 다시 만난다는 기약을 해 주지 못하는 것 아닌가. 그런 면에서 그리스도인은 그 기약마저 남기고 갈 수 있으니 얼마나 우아한 노년기를 보낼 수 있겠는가.

프란시스 베이컨(Francis Bacon)은 장수하는 사람의 특징을 식단, 환경, 성격, 유전적 체질로 보았다. 그의 말에 따르면, 행복하게 늙으려면 규칙적인 생활로 육체적 건강을 챙겨야 하고, 성경 읽기와 독서를 통해 균형 잡힌 시각으로 정신 건강을 챙겨야 하며, 묵상과 자기 성찰과 기도 생활로 내면의 건강을 신앙으로 다져야 한다. 그래야 체력의 한계로 오는 위기를 늦출 수 있다. 갈렙처럼.

16 장

갈렙 인생은 늦게 피는 야생화였다

갈렙의 이마에 깊은 주름살이 생겼다. 그 주름살은 단지 늙음의 표상으로서의 고독과 고립, 소외를 의미하지 않는다. 주름살은 그의 회한과 고통이 아니라 삶으로 충만한 열정의 이력을 보여 준다.

광야 40년에는 존재감 없이 살다 동시대의 60만 명이 다 죽고 가나안 땅에 들어가서야 2인자로 활동했던 갈렙은 꽃으로 보면 '늦게 피는 야생화'다. 우리 나라에서 가장 늦게 피는 늦둥이 꽃은 좀딱취라고 한다. 11월, 잎 지는 가을날에 비로소 피는 꽃이다. 꽃의 크기는 5밀리미터 남짓 된다. 작아도 너무 작다. 기온이 영하로 오르락내리락하는 시기라서 좀딱취를 마지막으로 대한민국에 더는 꽃이 피지 않는다.

사람을 꽃으로 비유한다면 여호수아는 활짝 피어나 자태를 뽐내었던 장미와 같은 사람이다. 열 명의 정탐꾼 삼무아, 사밧, 이갈, 발디, 갓디엘, 갓디, 암미엘, 스둘, 나비, 그우엘은 일종의 폐쇄화다. 폐쇄화들은 꽃받침, 꽃잎도 안 연 채 그 안에서 저희끼리 자가수정을 해 버린다. 벌레가 드물고 추우니 최소한의 종족 보존을 하기 위한 방편이다. 가장 효율적으로 씨앗을 맺는 방법이긴

하지만 자가수정하게 되면 열성이 돼 버린다. 그렇게 열 명의 정탐꾼은 열성으로 끝났다. 열성은 상대 대립 유전자에 비해 그 효과가 잘 드러나지 않는 한쪽 유전자의 특성을 일컫는 말로, 우성과 대비되는 개념으로 사용한다. 여호수아와 갈렙이 오래 살아남아 사명을 감당한 우성이라면, 열 명은 열성으로 사라졌다. 용사라는 이름이 무색하게 무명으로 사라져 버린 것이다. 누구도 그들의 이름을 기억하지 않는다.

어느덧, 세월이 지나고 가나안의 지도자 여호수아도 무대에서 내려간다. 끝까지 오래 살아남은 사람은 갈렙이다. 여호수아서만 아니라 사사기까지 그의 종적은 이어진다. 여호수아가 죽은 이후에도, 나이가 들어 감에도 갈렙은 열정적으로 살았다. 갈렙에게 나이가 들어 간다는 것은 '무언가를 잃는 것'이 아니라 '더 나은 삶'을 위해 전진하는 삶의 한 과정 그 자체이다.

갈렙의 인생은 여전히 진행형

김형석 연세대학교 명예 교수는 올해 103세다. 그런데도 그분이 보여 주는 유연한 사고와 또렷한 기억력은 놀라울 정도이다. 김 교수는 인터뷰에서 주위를 돌아보면 일을 하는 사람이 정신도 늙지 않더라고 했다.

"사람들은 몸이 늙으면 정신이 따라서 늙는다고 생각합니다. 그게 아닙니다. 노력만 하면 정신은 늙지 않습니다. 그럼 몸이 정신을 따라옵니다."(중앙일보, 2022. 3. 30.)

김 교수는 98세이던 해에 "여든 살이 될 때 좀 쉬어 봤는데 노는 게 더 힘들더라"라며 웃었다. 그는 말한다.

"내게는 일이 인생이에요. 남들은 늙어서도 그렇게 바쁜데 행복하냐고 묻습니다. 그들이 생각 못 하는 행복이 뭔고 하니, 내 일 덕분에 무엇인가 받아들인 상대방이 행복해하는 걸 보게 됩니다. 그게 제 행복이에요. … (65세부터 노년기라고 하죠.) 나와 가까운 사람들은 그런 생각 버린 지 오랩니다. 사람은 성장하는 동안은 늙지 않아요. 저는 인생의 황금기는 60세부터 75세까지라고 믿고 있어요. 요사이도 60분 정도 강연은 서서 합니다. 우리 사회에는 너무 일찍 성장을 포기하는 '늙은 젊은이들'이 너무 많아요."(조선일보, 2017. 6. 24.)

김교수는 "내 정신이 내 신체를 업고 간다"라고 말하는 철학자이다. 갈렙이 바로 그런 사람이었다.

우리의 영웅 갈렙은 85세, 할아버지이다. 일선에서 은퇴하고 모든 지위를 내려놓아야 한다. 그런데 그게 쉽지 않은 것이, 얻을 것은 많되 아직 손에 얻은 것이 없다. 하나님 앞에서는 온전했고 백성들 앞에서는 정의로운 삶을 살았지만, 자기가 속한 유다 지파 백성들에게는 특별히 해 준 것이 없다. 특히 정통파 유다 혈통이 아니었기에 입장은 더욱 난처할 수밖에 없다. 40년 전에는 흥분한 이스라엘 백성으로부터 돌에 맞을 처지에 놓이더니 지금은 자기 지파 구성원들에게 버림을 받을 수 있는 위기의 상황이다.

어찌하면 좋을까. 이런 상황에서도 갈렙은 여호수아와 독대해서 자기 수고에 대해 뭔가를 내놓으라고 담판을 벌이지 않았다. 지도자의 위치를 차지하고 앉아 원로 대접을 받으려 하지 않았다. 오히려 오래도록 남길 다른 일을 찾아 나섬으로 위기를 넘겼다. 다시 개척자의 삶을 살기에는 나이가 문제였지만 나이조차 하나님에게 맡겼다. 진행형으로 점철된 그의 생애는 노년이라고 마침표 자리로 물러날 생각은 없다. 그래서 산지를 달라, 아직도 일을 할 수 있으니 약속된 것을 달라 당당히 요구했다.

갈렙은 그 나이에는 엄두도 내지 못할 발상을 한다. 아직도 땅을 얻지 못한 초조함과 조바심으로 떨고 있는 지파 사람들에게 오히려 도발적인 행동을 보인다. 산지를 얻기 위해 일어나자는 것이다. 전쟁은 대부분 끝나 가는데 다시 전투하자니, 그것도 정복하기 힘든 산지의 아낙 부족과 한판승을 하자는 선동은 어떻게 보면 위기에 위기 하나를 더 붙이는 것과 같다. 그러나 그 위기는 갈렙 인생의 석양을 아름답게 물들이는 마지막 호기였다. 그는 활짝 피어 떨어질 꽃은 되어도 시들어 사라지는 꽃은 되지 않는 기백의 인물이다. 그러기에 노인이라 해서 하던 일, 해야 할 일에서 손을 놓아 버리는 일은 없었다.

지혜로운 지도자는 다음 수를 생각한다

갈렙은 용감무쌍한 장수만이 아니다. 용장이면서 덕장이다. 아낙 자손들과의 싸움에서도 그는 단순히 전투만 바라본 것이 아니라 그 다음을 계획하고 있었다. 자신을 대체할 유다 지파의 지도자를 발굴하고, 지파 구성원들에게 인정을 받게 하는 일이다.

갈렙은 헤브론의 넓은 지역 중에서 특히 기럇 세벨을 탐냈다. 기럇 세벨은 헤브론의 본래 이름으로 '책의 도시' '기록의 도시'란 뜻이다. 성경주석가 메튜 헨리를 비롯한 학자들은 이 성읍에 역사적인 문헌 등이 보관되어 있었거나, 헬라의 아테네처럼 젊은 사람들을 가르치는 교육 장소가 있었을 것으로 추정한다. 그렇다면 갈렙이 특별히 이 성읍을 요구한 것은 유다 지파 백성들에게 발달한 가나안 땅의 학문과 타문화를 살피는 열린 사고를 기대해서였는지도 모른다(호크마주석). '지피지기백전불태'(知彼知己百戰不殆)라고, 적을 알아야 적을 이기기 때문이다.

갈렙은 유다 지파의 후계자를 발굴하여 사역을 이어 가게 한다. 기럇 세벨 점령에 공을 세운 장수에게는 딸 악사를 아내로 주겠다(수 15:17)는 포상도 내걸었다. 여기에 도전한 자가 옷니엘이다. 아우인 그나스의 아들로(수 15:17) 갈렙에게는 조카이다. 옷니엘은 기럇 세벨을 취함으로 악사를 얻었다. 훗날, 이스라엘 최초의 사사, 1대 사사로 활약했고, 그가 사사로 있는 동안 이스라엘은 40년 동안 태평성대를 이룬다(삿 3:11).

역대상 27장에는 국가 상비군의 지휘관 명단이 나온다. 지휘관은 열두 명으로, 각기 2만4,000명을 통솔한다. 상비군은 한 달씩 예루살렘을 경비하는 임무를 맡는다. 열두 명 지휘관을 지파별로 분류해 보면 유다 지파 일곱 명(야소브암, 아사헬의 아들 스바댜, 삼훗, 이라, 십브개, 마하래, 헬대), 레위 지파 한 명(여호야다의 아들 브나야), 베냐민 지파 두 명(엘르아살, 아비에셀), 에브라임 지파 두 명(헬레스, 비라돈 사람 브나야)이다(호크마주석 참조). 유다 지파가 상비군 조직에서 단연 우위를 점하고 있다. 특히 열두 달 째의 상비군은 옷니엘의 자손들이다(대상 27:15). 갈렙이 특히 공을 들인 부분이 아닌가 싶다.

갈렙 가문은 그나스 자손임을 부끄러워하지 않는다. 슬그머니 혈통을 지워 버릴 수도 있는데, 유다 지파이면서 그나스 가문 됨을 자랑스럽게 여긴다(대상 4:13). 이는 하나님의 은혜를 강조하는 일이며 자신들을 받아준 히브리인들에 대한 고마움의 표시다. 아울러 그나스 선대에 대한 자손들의 의무라 생각했다. 마치 한국계 미국인이 자신의 뿌리를 소중하게 간직하는 것과 같은 자세다. 그나스 가문의 그런 자세가 참 좋게 보인다.

여호수아에게는 자손에 관한 기록이 없다. 본인만 유명했을 뿐 후대는 기록상으로는 별 볼일 없이 끝나고 만다. 이에 비해 갈렙은 딸 악사와 사위 옷니엘과 함께 아들들의 이름이 역대기에 줄줄이 나온다(대상 4:15, 여기서 역대상 2장 18절의 헤스론의 아들 갈렙과 혼동해서는 안 된다). 이는 가문의 번영이다. 비록 개인 성취 면에서는 여호수아에게 밀렸지만, 자손들은 오히려 더 잘 되었음을 보여 준다. 갈렙의 기상과 용맹함이 자손 대대로 이어지며 번영하고 있다. 갈렙의 온전한 삶이 가져온 복의 열매이다.

갈렙은 고령에도 불구하고 산지 정복에 나섰고, 단순히 땅을 얻을 욕심으로 끝내지 않고 정복 이후에 헤브론을 잘 다스리고 발전시킬 후계자까지 염두에 두고 싸움을 시작했다. 그래서 자손 대대로 그나스 가문의 번영을 일으키게 된 것이다. 갈렙은 이렇게도 멀리, 넓게 보는 지도자였다. 지도자가 가져야 할 안목이다.

17 장

죽음에서 은혜를 발견했다

까맣게 잊고 살았는데, 이 글을 쓰면서 생각해 보니 내게도 죽음의 고비가 있었다. 초등학생 시절에는 서귀포 바닷가 파도에 휩쓸려, 또 저수지에 빠져 큰일이 날 뻔했다. 성년이 되어서는 교통사고가 있었다. 눈이 쌓인 강원도 산길을 달리다 미끄러지면서 몇 바퀴 돌았다. 그 순간 '아, 내가 이렇게 죽는구나' 했다. 교회보다는 아직 어린 두 아이 생각이 스쳤다. 다행히 한적한 길이라 주변에 자동차가 없어 언덕을 들이받고 차가 섰다. 몸이 부들부들 떨려 시동을 걸 수가 없었다. 며칠 동안은 운전대 잡기가 겁이 났다.

세 번의 위기에서 어느 하나의 고비라도 넘지 못했다면 어찌 되었을까. 나야 일찍이 천국에 갔겠지만 남아 있는 가족들과 교인들은 견디기 힘든 슬픔으로 남았을 것이다. 죽음의 위기는 망자보다는 살아남은 자들의 몫이다. 살아남은 자는 먼저 떠나보낸 사람을 계속 기억하면서, 고통의 광야에서 살아갈 수밖에 없기 때문이다.

매일 죽음을 대해야 했던 광야 40년

갈렙에게 죽음은 무엇이며 '살아남은 자의 슬픔'은 무엇이었을까. 가데스 바네아에서의 사건 이후 갈렙이 광야에서 40년 동안 맞닥뜨린 것은 구름 기둥과 불기둥, 만나의 일용할 양식만이 아니다. 하나님의 은총에서도 날마다 체험한 것은 죽음이다. 하나님이 노하셔서 "이 악한 세대 사람들 중에는 내가 그들의 조상에게 주기로 맹세한 좋은 땅을 볼 자가 하나도 없으리라"(신 1:36, 민 14:23)고 선언하신 후 하루도 죽음이 없는 날이 없었다. 죽음은 광야 40여 년을 지척에서 함께 걸으면서 고통과 슬픔과 죄책을 느끼게 했다. 죽음 앞에서 속수무책이었다.

지난날 시내산에서 인구조사를 했을 때 20세 이상 된 남자만 60만 3,550명이다(민 1:46). 정탐꾼 동지들을 비롯한 이 많은 장정이 갈렙과 여호수아만을 제외하고 전원이 죽었다. 광야 생활은 죽음의 장례 행렬이었다. 60만이 넘는 사람들이 40년(1만 4,600일) 동안 죽는다면 평균 하루에 장정 41~42명이 죽어 나갔다는 계산이 나온다.

레온 우드(Leon wood)는 《이스라엘의 역사》(CLC. 2014)에서 더 자세한 계산을 내놓는다. 그는 이렇게 기록한다.

"… 1만 4,508일 동안(38년 6개월)에 120만 명(남녀 각기 60만 명)이 죽었다면 하루에 85명이 죽은 셈이다. 하루 동안 장례를 치를 수 있는 시간을 최대로 12시간으로 계산한다면 시간당 평균 일곱 번의 장례를 38년 6개월 동안 치른 셈이 되니 그야말로 하나님의 징계를 계속해서 상기시켜 준 것이었다."

이스라엘 백성에게 가데스 바네아에서의 사건은 그야말로 민족적 트라우마다. 매일 죽음을 대하고 매일 슬픔에 빠졌다. 광야 40여 년은 그렇게 아프고도 고통스러운 회한의 세월이다.

2010~2011년 구제역이 발생했을 때 소와 돼지 350여만 마리가 살 처분됐다. 구제역은 발굽이 갈라진 동물에게서 발생하는 전염병이다. 2014년 1월, 급성 바이러스 전염병 조류인플루엔자(AI)가 발생하고 석 달 동안 살 처분된 닭과 오리는 약 1,186만 8,000마리이다. 가족처럼 키우던 가축과 짐승 수십 수백 마리를 굴착기로 생매장하고 나면 축산 농부들은 정신적 외상 트라우마를 겪는다. 가축들이 생매장당하면서 울어 대는 소리가 환청으로 들려 오랜 세월 정신적인 고통을 겪는다고 한다.

이스라엘 백성들도 매일 대면하는 죽음으로 삶이 피폐해질 수밖에 없는 위기 상황이다. 사망자 가운데는 부모가 있고 형제들이 있다. 자식을 먼저 보내기도 했다. 매일 대하는 죽음에서 누가 멀쩡한 정신으로 살 수 있을까. 살아도 사는 것이 아니었다. 그들은 그렇게 불행한 행진을 희망도 없이 계속했다. 희망이라면 자녀들이 부디 가나안에 들어가 자리를 잡는 일이다.

사별의 슬픔이 줄어들 수 있을까

1967년, 미국 워싱턴대학교 의과대학의 토머스 홈스와 리처드 레이는 5,000명 이상의 임상 기록을 통해 정신적 스트레스 척도를 분석했다고 한다. 그 결과에 따르면 배우자 사망의 스트레스 지수를 100이라고 봤을 때, 이혼은 73, 가까운 가족의 죽음은 63, 친한 친구의 죽음은 39, 직장에서의 해고는 47, 질병은 53 등이었다고 한다. 자식의 죽음은 점수로 환산할 수 없어 여기에 포함하지 않은 것으로 보인다. 스트레스 지수가 높을수록 위기의 강도는 크다. 어떤 위기는 단순해서 그 순간, 그 기간만을 지나면 간증거리로 둔갑도 하지만 어떤 위기는 평생토록 계속되는 위기의 연속에서 점점 황폐해진다. 벼랑 끝에 선 위기감과 같다.

인생에서 가장 큰 위기는 사별로부터 오는 위기이다. 배우자가 사별했을 때의 고통, 허망, 분노, 죄책감, 그리움 등은 견디기가 힘들다. 떠난 사람에게 화가 나서, 고생만 시킨 것이 미안해서, 충분히 사랑해 주지 못해서, 너무 보고 싶어서 괴롭다. 한쪽을 떠나보내고 그렇게 비틀거린다.

내 삶의 분신처럼 살아왔던 배우자와 사별하고 고통과 외로움을 겪으며 살아가던 사람들이 모여 《나는 사별하였다》(꽃자리, 2021)라는 제목의 책을 출간했다. 결혼 32년 만에 암으로 아내를 잃은 대학교수(65세), 결혼 22년 만에 교통사고로 남편과 사별한 약사(49세), 결혼 17년 만에 간암으로 남편을 보낸 초등학교 영어 전담 강사(50세), 결혼 16년 만에 난소암에 걸린 아내와 사별한 어학원 연구개발팀장(49세)이 함께한 책이다. 노화로 인한 자연사가 아니라 사고나 질병으로 갑작스레 사별한 이들은 배우자의 육체적 죽음과는 다른 정신적인 극심한 죽음을 경험하게 된다. 그런데도 제대로 그 고통과 아픔을 입 밖으로도 내지 못하며 살아간다. 그것은 사는 것이 아니다. 그냥 숨을 쉬고 있을 뿐이다.

사별자는 정신적 충격에 따른 후유증과 함께 사회적 편견에까지 맞서야 하는 고통 속에서 '또 다른 죽음'을 경험한다. 여성 사별자 A씨는 "네가 복이 없어서 내 아들이 죽었다"는 시댁 어른들의 악담에 충격을 받았다. 사별 뒤 2주 만에 새로운 학교로 발령을 받은 교사 B씨가 동료 교사들에게 사별 사실을 말하지 못한 것도 편견을 감당할 용기가 없어서였다. 교사들 사이에서 가족에 관한 대화가 나올 때마다 움츠러들었고, 영혼 없는 대답을 하느라 식은땀을 흘려야 했다. C씨는 남편이 죽고 얼마 되지 않았을 때 누가 남편의 근황을 묻자 "외국에 장기 출장을 갔다"라고 거짓말을 했다고 한다. 집에 돌아와서는 왜 그런 거짓말을 했는지 자기 처신에 한심해하며 다시는 거짓말을 하지 않겠다 다짐했지만, 그래도 여전히 순간순간 머뭇거릴 때가 있다.

투병 과정에서 받은 상처도 나온다. A씨는 "간증치유집회에서 무조건 믿음으로 간증해야 병이 낫는다고 해서 아내는 '하나님이 낫게 해 주시겠다고 했다'라고 간증을 한 뒤 죽어 갔다"라며 기도파들의 무책임을 탓한다. (한겨레신문, 2021. 4. 19.) 이런 글을 읽다 보니 "유가족들이 겪는 슬픔은 시간표가 없기 때문에 언제든 찾아올 수 있다"라는 말이 생각난다. 동감이다.

부모를 떠나보내면 고향을 잃은 것 같은 허전함으로 죄송하고 외롭지만 자녀를 잃어버리면 세상의 모든 것을 잃어버린 위기 앞에 고스란히 서게 된다. 부모, 배우자와의 사별은 세월이 가면서 잊히고 치료가 되지만 자녀의 죽음은 평생 잊지 못할 비극이고 고통이다. 가슴에도 다 묻지 못하는 애통함이다.

예일대학교 교수로 21년을 재직한 니콜라스 월터스토프니(Nicholas Wolterstorff)는 《나는 사랑하는 사람을 잃었습니다》(좋은씨앗, 2014)에서 마리아 더뮤트(Maria Dermout)의 《The Ten Thousand Things》(만 가지 일들) 중 일부를 인용한다.

"슬픔은 줄어들 수 있는 것일까? 아니면 단지 슬픔을 아주 천천히 경험하며 통과할 수밖에 없는 것일까? 햇살이 눈부시고 하늘이 푸른 어느 하루. 낯선 해안가를 따라 넘실거리는 파도를 타는 돛의 그늘에서 보내는 어느 하루. 우리가 슬픔을 이기도록 이런 하루가 도와줄 순 없을까? 잠시 동안, 적어도 그날 하루 동안만이라도."

자식을 잊는다는 것은 자식에 대한 사랑과 그리움을 포기하는 일이다. 그래서 잊을 수도 없고 잊으려 하지도 않는다. 자식을 추억하는 방식이 다를 뿐 자식에 대한 슬픔이 줄어들지는 않는 것이다. 다 자란 아들을 먼저 보내고 슬픔을 겪고 있는 독자가 《내게 왜 이러세요?》를 읽고 아픈 마음을 편지로 전했다.

"… 제 인생은 아들이 가기 전과 후로 나뉩니다. '왜 내게 이런 일이 일어났을까 …' 아무리 생각해도 모르겠습니다. 저는 어려운 사람을 보면 외면하지 않고 내 힘껏 도와주었고 남에게 마음 아픈 일은 안 하려고 노력했는데 보통 사람들이 누리는 복도 누리면 안 되었는지 주님께 묻고 또 물었습니다. … 저는 아들을 보내고 마음이 독해져서 세 가지를 다짐했습니다. 첫째, 앞으로는 절대 착하게 살지 않고, 둘째, 누가 옆에서 죽는다 해서 돌아보지 않을 것이고, 셋째, 목회자를 잘 섬기지 않겠다, 그리 결심했습니다. 잘 될지는 모르겠지만요."

자식을 떠나보내고 무엇으로도 위로를 받지 못하는 그 아픈 마음이 느껴진다. 저게 어디 참말이겠는가. 하나님 앞에 앙탈이라도 부리지 않으면 못 견디겠으니 해 보는 말일 터다. 자식을 잃은 지금이 그분에게는 최대의 위기이다. 목사님은 주님의 종이라 나는 그리도 잘해 드렸건만 하나님은 왜 내 아들에게 좀 더 잘해 주시지 않았을까, 이런 질문 앞에 서면 누구나 흔들리게 된다.

약속의 땅이 기다리고 있으니

갈렙은 60만 명 장정들의 죽음을 목도한다. 한 사람이 평생에 걸쳐 목도할 죽음의 숫자는 얼마나 될까. 일가친척, 동창, 직장 동료, 교우들 … 대체로 100명 미만이다. 갈렙이 아픔을 느낄 수 있는 죽음이란 정탐꾼 일원 열 명을 포함해서 이름 정도는 알고 있던 사람들의 죽음이다. 한때는 동지였던 열 명 정탐꾼들의 부고에는 살벌하게 논쟁을 벌였던 지난날이 생각났을 것이다. 그들 중의 일부는 아예 관계가 단절되었을 것이다.

모세와 미리암과 아론의 죽음, 부모와 일가의 죽음들 … 85세를 넘겼으니 아내는 그때까지 살아 있었을까. 자식을 먼저 보내지는 않았을까. 여호수아도 떠났다. 갈렙은 사랑하는 이들을 광야의 이곳저곳에 묻으면서 많이 힘들었을 것이다. 죽음은 무엇으로도 위로를 받을 수 없는 고통이기 때문이다.

갈렙은 동족들의 죽음에서 죄를 심판하시는 하나님을 본다. 동족들은 자신들의 죄로 죽어 가는 것이다(민 27:3). 그러나 광야에는 하나님의 심판만 있는 것은 아니다. 다음 세대들에게는 하나님의 은혜가 나타났다. 광야는 심판과 은혜의 두 얼굴을 갖고 있다. 갈렙은 하나님의 '심판의 얼굴'보다는 다음 세대에 임하시는 '은혜의 얼굴'을 본다. 죄에 대한 하나님의 심판보다 죄에 대한 하나님의 은혜에 더 주목하면서 죽음의 트라우마를 견디어 냈다.

유월절이면 광야의 성막 주변은 제사에 바쳐진 짐승의 비릿한 피 냄새로 진동한다. 이스라엘이 걸었던 광야의 곳곳은 무덤으로 넘쳤을 것이다. 공동묘지가 마을을 이루며 시체가 썩어 가는 냄새로 진동했을 것이다. 갈렙은 날마다 더하는 죽음을 뒤로하고 살아 있는 다음 세대들을 이끌고 가나안으로 직진한다. 죽은 자들과 마냥 슬퍼할 시간이 없다. 그 많은 사람의 죽음을 일일이 슬퍼할 수도 없다. 살아 있는 자들은 살아야 했다. 하나님의 약속이 기다리는 땅으로 가야 했다.

장례 봉사를 1년에 100번 정도를 한다는 장례지도사협의회봉사단 강봉희(67세) 단장이 염을 끝내고 관 뚜껑을 닫으면서 고인에게 남기는 마지막 말은 "다 내려놓고 안녕히 가세요"라고 한다. 갈렙도 매일 죽음을 대하면서 '힘들었던 광야 생활을 다 내려놓고 안녕히 가세요' 하는 말을 전했을까. 그들의 죽음은 하나님의 섭리 하에서 진행되는 일이다. 하나님은 죽음을 통해 세대교체를 이루어 가신다. 기성세대를 변화시키기는 쉽지 않은 일이다. 하나님은 애굽 세대를 가나안으로 입성시켜 새 왕국을 만들 이유가 없다. 그들은 노력해도 애굽의 물이 빠지지 않을 사람들이다. 그들은 출애굽의 사명으로 만족해야 했다. 가나안 입성은 다음 세대의 몫이다. 그러니 다음 세대에 맡겨 놓고 '먼저, 안녕히 가시라'는 인사로 그들을 보냈을 것이다. 광야 유랑에서 기성세대는 날마다 죽어 나가고 다음 세대는 날마다 태어났다. 이런 과정에서 죽음에만 연연한다면 어느 세월에 앞으로 나갈 것인가.

갈렙은 광야에서 죽음이 아니라 출생을 보고, 심판이 아니라 은혜를 보았다. 그렇게 은혜 쪽으로만 눈을 돌리니 죽음조차도 그를 위협하지 못했다. 죽은 자들은 묻어 주고 태어난 자들은 돌봐주면서 계속 행진했다. 그러니 죽음이 트라우마로 자리 잡을 새가 없었다. 죽음에 무덤덤하거나 두려움으로 대하는 것이 아니라 하나님의 섭리 하에서 죽음을 대했다. 갈렙에게 죽음은 피곤한 삶을 마감하는 안식이었고 그 또한 하나님의 자비의 품에 편히 눕는 일이었다.

갈렙은 그런 마음으로 죽음을 해석했기에 매일 죽음과 동행하면서도 죽음의 늪에 빠져 허우적대지 않았다. 다음 세대에 길을 터주는 광야에서 자신들의 불신의 삶을 마감하는 죽음은 기성세대들에게는 좋은 죽음이었다. 그렇게 갈렙은 좋은 죽음을 보고 있었던 것이다.

죽음이 아니라 출생을 보고,
심판이 아니라 은혜를 보라.

5부 익어 가는 좋은 노년을 위하여

18 장

갈렙은 절망하지 않았다

미하이 칙센트미하이(Mihaly Csikszentmihalyi)는 《몰입》(한울림, 2005)에서 행복 추구라는 인류의 오래된 문제를 흥미롭게 고찰한다. 그는 이 책에서 "진정으로 행복한 개인은 매우 드물다"면서, 물질적 풍요가 삶의 의미를 앗아갔으며, 특히 현대 미국인들은 비참하게 살아간다고 썼다. 그런데 그의 주장은 하나님의 창조 의지와는 다르다. 하나님은 인생을 창조하시면서 행복하게 살아가는 풍성한 삶을 주셨다(창 1:28).

에덴동산은 기쁨의 동산, 즐거운 동산이라는 의미로, 낙원, 천국을 뜻하는 '파라다이스'(paradise)이다. 동산을 적시는 네 강(비손, 기혼, 힛데겔, 유브라데. 창 2:8-10)은 번영과 문명의 발원지였다. 비옥한 땅은 사시사철 열매들로 풍성하고 죄성이 없는 피조세계는 순수하고 평화로웠다. 인간은 행복할 수밖에 없는 존재로 창조되었다. 그만큼 삶은 행복하고 평화롭게 흘러가야 했다.

문제는, 하나님이 사람에게 자유의지를 주셨다는 점이다. 자유의지는 '생명나무'와 '선악을 알게 하는 나무'(창 2:9)에 해당한다. 다른 성질의 두 나무는 에덴동산 한 가운데 존재했다. 그만큼 여러 나무 중에서 중요한 목적을 지니고 있었다. 생명과는 행복으로, 선악과는 불행으로 떨어지게 만든다. 즐거운 동산에 선악과가 있다는 사실은 인간은 언제든지 위기를 만날 수 있는 존재임을 말해 준다. 에덴에서도 위기가 있다면 에덴에서 추방된 인생들에는 당연히 사방이 위기로 둘러싸여 있다. 그만큼 에덴의 바깥 세상을 살면서 위기를 겪지 않는 사람은 없다.

하나님의 부재 그 자체가 위기다

위기는 덕망 있는 유명 인사들에게도 찾아온다. 2021년 12월, 34년간 무료급식 사업 '밥퍼나눔운동'(밥퍼)을 해 온 최일도 목사가 서울시로부터 고발당했다. 시유지 일대에서 무단 증축 공사를 진행한 것이 법 위반이라는 내용이다. 최 목사는 9박 10일의 묵언·단식기도에 들어가면서 자신의 소셜미디어에 "몸과 마음이 지칠 대로 지쳐 거의 탈진 상태다. 밥퍼를 청량리에서 내쫓아 버리겠다고 으름장을 놓는 사람도 있다"며 "다일공동체는 창립 34년 만에 최대의 위기 속에 있다. 모든 인간적 방법을 내려놓고 하나님께 가야 할 길을 묻고자 한다"라고 썼다. 그의 위기는 단지 고발 건이 아니다. 34년을 무료급식 사업을 해 오느라 심신이 지쳤고, 관청의 고발로 다일공동체가 일반인에게 불법을 행하는 재단처럼 비칠 수도 있다는 점을 못 견뎌 한 것이 위기였을 것이다.

노벨평화상을 받은 마더 테레사 수녀는 피정을 가던 기차 안에서 신의 목소리를 들었다. 안온한 수녀회에서 나가 고통받는 빈민들을 돌보라는 것이다. 그녀는 이 사건을 이미 자신을 수녀로 부르신 하나님이 다시 한번 임무를 주신, '부르심 속의 부르심'이라고 했다. 이 일을 계기로 테레사는 다섯 명의 가난한 아이를 구호하는 일로 사업을 시작해, 세계 곳곳에 나병과 결핵, 에이즈 환자를 위한 요양원과 거처, 무료 급식소, 보육원, 학교 등을 세워 봉사활동을 확대하였다.

한때 미국에서는 그녀의 명성을 이용한 대규모 사기 사건이 터지기도 했고, 일각에서는 테레사가 소극적인 봉사에만 힘을 기울였을 뿐 20세기 중후반 이후 일어난 세계의 폭력적 사태에 아무런 발언도 내놓지 않고 그 어떤 노력도 하지 않았다고 비판했다. 그런 사역과 악의적인 세평에서 그녀는 점점 지쳐 갔다. 끝없는 빈민 사역에 너무 힘들어서 일기장에 심경을 썼다.

"나에게는 그 침묵과 공허가 너무 큽니다. 나는 보려고 해도 볼 수 없고 들으려 해도 들리지 않으며 '기도할 동안' 혀를 움직이려고 해도 말할 수 없습니다. 당신이 나를 위해 기도해 주기를 원합니다. 마치 모든 것이 죽은 것처럼 내 안에 너무나 끔찍한 어둠이 있습니다."

위기, 하나님의 부재가 느껴지는 끔찍한 어둠이 찾아온 것이다. 사역에만 매달려 쉬지 않고 일만 하다 에너지가 고갈되고 영적 침체에 빠진 것이다.

대중의 인기와 찬사를 한 몸에 받고 사는 연예인들은 어떨까. 신실한 신앙심으로 무장까지 되어 있다면 위기와는 관계없는 탄탄대로를 달리는 것처럼 보이지만 화려한 세계에도 위기는 항상 존재한다.

배우 이성경 씨는 자신의 신앙을 공공연하게 드러내는 배우이다. 코로나19로 힘들었던 2020년 오륜교회에서 진행된 '나라와 민족을 위한 특별영상기도회'에서 그녀는 '원하고 바라고 기도합니다'라는 찬송을 불러 듣는 이들에게 많은 위로를 주었다.

> "이 세상을 살아가는 동안에 나의 힘을 의지할 수 없으니
> 기도하고 낙심하지 말 것은 주께서 참 소망이 되심이라"

다음해 '2021 청년다니엘기도회' 문화 공연에서는 솔직한 간증으로 청년들의 공감을 이끌었다. 그녀는 이렇게 고백했다. "첫날 특송으로 부르심을 받았을 때, 처음엔 못하겠다고 했다. 하지만 이 자리에 오기까지 하나님이 하시는 일이니 용기 내서 순종했다"고 운을 뗐다. "영적으로 침체돼 있었기에, 이틀 전까지만 해도

못하겠다고 말씀드리려 했다. 우리가 뜨거웠던 시간도 있지만, 무기력하고 하나님께 어떻게 나아가야 할지 모를 때도 있지 않나… 하나님과 교제하는 거룩한 습관을 들이고 싶지만, 알면서도 그러지 못하고 있었다. 너무 부족한데 어떻게 설 수 있을까 생각했고, 진심을 다해 찬양할 수 있지만 그렇지 않은데 신실한 사람처럼 보이기 싫었다."

한국 게임 산업을 이끌었던 넥슨 창업주 김정주 NXC(넥슨 지주사) 이사가 2022년 3월에 미국에서 별세했다. 향년 54세 나이였다. 6,000만 원으로 '24조 넥슨 신화'를 이루었던 사람이 얼마나 스트레스를 받았기에 이전부터 우울증 치료를 받아 왔으며, 최근 악화되어 세상을 떠났을까. NXC측이 "유가족 모두 황망한 상황이라 자세히 설명해 드리지 못함을 양해 바란다"는 말에는 신화를 이루며 달려왔던 생애에도 위기가 있었음은 분명하다.

평생을 주님밖에 몰랐는데

우리의 상황은 어떤가. 거듭남을 체험한 후에 평생을 주일예배에 목숨을 걸었고 십일조를 해 왔다. 교사, 찬양대, 전도회 등에서 모범적으로 봉사를 했다. 이제 은퇴를 앞에 두고 자신을 바라보니 내놓을 만한 것이 없다. 믿음 생활을 하지 않는 내 동창들은 재벌기업의 임원으로, 사업체의 사장님으로 성공을 자랑한다. 자녀들도 부친의 뒤를 이어 내로라하는 직장이나 사업을 하면서 잘들 살고 있다. 그런데 내 아이들은 내놓을 만한 것이 없다. 그도 그럴 것이 자식들의 뒤를 제대로 돌봐주지 못했다. 하나님이 자녀들의 일생을 지켜 주신다는 믿음 하나로 고액 과외도 해 준 적이 없고 유명 학원도 등록해 주지 못했다. 그러면서도 믿는 것은 하나님의 보상이었다.

세월이 흘러 은퇴를 앞두게 되었다. 아이들을 교육하고 교회를 섬기느라 남은 재산이라고는 소액의 국민연금 수령금이고 달랑 연립주택 하나이다. 부부가 살아가기에도 충분하지 않은 재산이다. 이런 현실에 눈을 돌리면 살아온 날들이 휘청거린다. 그동안 교회에 십일조를 비롯한 헌금 낸 액수만 해도 아파트 한 채 값은 충분했다. 예배당 건축을 할 때 주공아파트를 팔아 건축헌금을 하고 지금까지 전세를 살고 있다. 그때 판 아파트 시세가 지금은 30억이 넘는다.

오랜 세월에 예배당에서 봉사하고 믿음 생활을 열심히 할 때 기쁘고 충만했다. 모두에게 칭찬을 받고 과분한 직책과 직분까지 얻었다. 그렇게 살면 되는 줄로 알았다. 나머지는 하나님이 책임져 주실 줄로 알았다. 그런데 은퇴 나이에 손에 들어 있는 것은 보리 떡 다섯 개와 물고기 두 마리(요 6:9)와 같은 보잘것없는 삶이다. 하나님에게 충성했고 사람들에게는 인정을 받았지만 자식들에게는 면목이 없고 배우자 고생만 시켰다. 이런 상황에서 누군들 흔들리지 않을까.

지금 갈렙이 그런 상황이다. 85세를 살아오는 동안에 하나님에게, 민족에게 충성했다. 광야에서는 조연으로, 가나안에 들어와서는 2인자의 자리에까지 올랐다. 그러면서 열심히 근면하게 살아왔다. 그러나 유다 지파 앞에 놓인 지분은 별로 없다. 삶이 흔들리고 생각이 흔들릴 수밖에 없다. 나이는 80이 훨씬 넘었다. 언제, 무엇으로 보상받을 것인가.

그래도 우리의 갈렙은 이런 형편에서조차 상황을 보지 않았다. 내 몫이 아닌 가나안의 넓은 땅을 보면서 얻지 못함에 탄식이 아니라 하나님의 약속을 붙잡는다. 산지라는 험한 환경, 아낙 자손들이 일구어 놓은 산성에 낙심이 아니라 오히려 종들을 시켜 도련님의 성을 일구어 놓게 하신 하나님의 상급을 바라본다. 그래서 여호수아에게 말한다.

"내 나이 85세라 은퇴가 마땅하나 하나님이 약속하신 것을 얻기 전에는 은퇴할 생각이 전혀 없습니다."

갈렙은 나이로 오는 위기를 인정하지 않는다. 내가 인정하지 않으면 내 삶의 위기도 없는 것이다.

96세로 서거한 엘리자베스 2세 영국 여왕은 2002년 여동생 마거릿과 모친의 죽음으로 고통스러운 한 해를 보내던 시기에 신앙심으로 위기를 극복했음을 밝혔다. 여왕은 그해 성탄절 메시지에서 "좋을 때나 나쁠 때나 내가 기독교 신앙을 얼마나 의존하는지 알고 있다. 하루하루 새로운 시작이다. 옳은 일을 하려고 노력하고 장기적인 안목을 갖고 주어진 하루에 최선을 다하고, 하나님을 신뢰하는 것이 인생을 사는 유일한 방법"이라고 말했다. 여왕의 장례식은 세계 정상급 지도자 2,000여 명이 참석하는 '세기의 장례식'이 되었다. 세상은 그녀의 죽음에 애도보다 만 70년 127일을 재위하며 보여 주었던 지도자의 따뜻한 생애에 대한 존경을 표시하기 위해 모여들었다.

윤평중 한신대학교 명예교수는 지도자들의 덕목에 대해 이렇게 말한다.

> "위대한 정치가는 스스로를 버려 국민을 살리고 나라를 구한다. 그것이 바로 정치의 근본이다. '아님'이라는 절망을 '아직 아님'의 희망으로 바꾸는 것이 '희망의 원리'다. 우리는 오늘의 절망을 딛고 내일의 희망으로 나아가야 한다. 내일은 내일의 바람이 불고, 내일은 내일의 태양이 떠오르기 때문이다."

누구에게나 크고 작은 위기들은 밀물과 썰물로 오고 간다. 위기의 밀물만 보면 위기의 파도에 휩쓸린다. 위기의 썰물을 봐야 한다. 백사장에서 정지되는 파도는 없다. 밀물로 왔으면 썰물로 떠나간다. 파도는 썰물로 떠나가면서 기대하지도 않았던 예쁜 조개들을 선물로 남기고 간다. 그렇게 위기도 선물을 남길 때가 있다. 모두에게는 아니고 위기를 잘 넘긴 사람에게만 남겨 주는 선물이다. 갈렙의 뒤를 보면 보인다.

19
장

갈렙은 온전하게 살았다

갈렙의 생애를 한마디로 특징짓는 단어는 '온전'이다. 하나님이 갈렙을 칭찬하신 말씀이 바로 이 온전이다(민 14:24, "나를 온전히 따랐은즉"). 여호수아도 여러 차례 갈렙의 온전함을 인정한다(민 32:12, 신 1:36, 수 14:14). 갈렙 자신도 "나는 내 하나님 여호와께 충성하였"(수 14:8)다고 말한다. 충성은 온전함의 또 다른 말이다.

라이프성경사전은 '온전'을 '조금도 부족함이 없고 흠이 없으며 완벽하고 완성된 상태'라고 말한다. 온전은 마음의 자세가 순수하고 그 행위가 진실하고 강직하며, 목표하는 바가 흔들림이 없는 상태이다. 갈렙이 '온전히 좇았다'란 말은 '하나님이 만족하실 정도로 충분히 그분의 뜻에 순종했다'란 의미이다. 이런 온전함은 순전함과도 닮았다(욥 33:9). 순전은 잡것이 섞이지 않는 순수함이다.

'충성'은 '확고한 결단'을 말한다. 그건 분명한, 확실한, 각오가 되어 있는, 준비된, 결연한 자세이다. 또한 어떤 문제, 어떤 위기가 닥치기 전에 이미 문제에 대한 답, 위기에 대한 답을 갖고 있는 사람의 자세이다. 갈렙이 바로 그런 사람이다.

성경에서 온전한 사람을 찾는다는 것은 쉬운 일이 아니다. 아브라함은 기근을 만나 애굽으로 갔고(창 12:10), 아내를 누이라 속이는 비 온전한 모습을 보인다(12:13). 모세는 지면의 누구보다 온유했지만(민 12:3), 온전하지 못했기에 광야의 지도자로 끝났다. 다윗도 밧세바의 간음과 우리야 살해 음모로, 솔로몬은 아예 온전하지 못한 삶으로 미끄러져 내렸다(왕상 11:4, 6).

일편단심이야말로 온전함이다

성경에서 '온전했다'는 말을 들은 사람은 갈렙과 여호수아이다. 여호수아는 그만큼 혜택도 받았고 인기와 출세라는 성공도 차지했기에 온전할 수 있었다. 반대로 갈렙의 생애는 위기가 연속적으로 나타나서 잠시도 다른 생각을 할 새가 없었다.

갈렙은 하나님과 그분의 약속에 대한 일편단심이 있었기 때문에 온전할 수 있었다. 일편단심은 특정 인물이나 사물, 혹은 가상의 존재에 대한 한결같은 정성과 변치 않는 참된 마음의 의미로 사용된다. 대표적인 사례로는 '단심가'로 유명한 정몽주가 있다. 이성계의 아들 방원이 고려의 마지막 충신에게 마음을 떠보는 시 한 수를 건넨다. 이것이 그 유명한 '하여가'다.

이런들 어떠하리 저런들 어떠하리
만수산 드렁칡이 얽혀진들 어떠하리
우리도 이같이 얽혀져 백 년까지 누리리

정몽주는 여기에 '단심가'로 답한다.

이 몸이 죽고 죽어 일백 번 고쳐 죽어
백골이 진토 되어 넋이라도 있고 없고
님 향한 일편단심이야 가실 줄이 있으랴

한 임금을 향한 일편단심이다. 일편단심은 충성심처럼 변치 않는 마음이요 '한 방향'으로의 온전함이다. 이익을 생각하지 않고 원칙과 신의를 지키며 한 편에 서서 묵묵히 가는 것, 이것이 온전함이다. 부부관계에서도 일편단심이 필요하고, 일상생활에서도 원칙과 명분이 필요하지만, 하나님의 관계에서 온전은 더욱 필요하다. 갈렙은 어떤 상황, 어떤 감정에서도 두 마음을 품지 않았다.

온전한 삶은 소명에서

갈렙의 일편단심은 소명에서 나온다. 그는 단순히 유다 지파의 일원이 선출한 정탐꾼이 아니다. 지휘관으로 뽑혔을 때 명예로만 여기고 공을 세워 성공 가도를 달리려 한 것이 아니다. 그를 부르신 이는 하나님이시고 뽑아 주신 이도 하나님이시다. 하나님의 부르심에서 비롯한 사명감이 그의 온전의 중심이 되었다.

《고통과 은혜》(디모데, 2016)에서 프로케 쉐퍼(Frauke Schaefer)를 비롯한 공저자들은 예일 대학교 신학부에서 학생들을 가르쳤던 헨리 나우엔(Henri Nouwen)의 말을 인용한다.

"당신이 사는 장소와 하는 일이 단순히 당신 스스로 선택한 것이 아니고 사명의 한 부분이라는 사실을 아는 것은 중대한 차이를 낳는다. 어려운 일이 닥쳤을 때, 내가 보냄을 받았다는 사실을 깨달으면, 도망치지 않고 신실하게 견딜 힘을 얻게 될 것이다. 일이 사람을 지치게 하고 장비도 빈약하며 더구나 관계도 실망감을 줄 때, 나는 '이런 어려움들이란 내가 떠나야 할 이유라기보다는 오히려 내 마음을 정화할 수 있는 기회야'라고 말할 수 있다."

갈렙은 어려운 상황에서도 도망가지 않았다. 낙심하여 주저앉지도 않았다. 하나님을 향한 일편단심은 충성으로 나타났다. 충성은 특정한 인간이나 집단, 또는 신념에 자기를 바치고 지조를 굽히지 않는 일이다. 성경에서는 '하나님'께 대한 신실함과 성실함, 그리고 정직함을 충성이라고 언급한다(마 10:17-25). 하나님은 모세를 가리켜 '내 온 집에 충성하는 자'(민 12:7)라 말씀하셨다.

충성으로 은혜를 갚다

갈렙의 온전은, 보은의 또 다른 이름이다. 갈렙은 히브리 정통이 아니지만, 유다 지파 성골로 받아 주었다. 쉽지 않은 일이다. 그러기에 올곧은 충성심으로 그 은혜를 갚으려 분투적인 생애를 살았다. 갈라디아교회는 출발은 좋았지만 뒷심이 약했다. 충성의 대상은 놓치지 않았지만, 충성의 내용에서 실격한 것이다(갈 1:6, 3:1-3). 달리기에서 아무리 빠른 속도로 정성을 다해도 트랙을 벗어나면 실격이다.

하나님에 대해 충성되고 헌신된 자는 자신에게도 충성해야 한다. 이것이 성실이자 신실함이다. 성실하지 못하고 오래 참음, 자비, 양선…(갈 5:22, 23)이 없이 하나님께만 충성을 맹세한다면 누가 그리스도인들을 인정할까?

내가 나를 인정할 수 있도록 자신에게 성실하고 신실해야 한다. 세상에서 성공했고 부러움의 대상이 되어도, 스스로가 인정하지 못한다면 진정한 성공이 아니다. 어제의 영웅 욥이 오늘에는 비웃음의 대상이 된다. 그러나 욥은 당당하게 "내가 내 공의를 굳게 잡고 놓지 아니하리니 내 마음이 나의 생애를 비웃지 아니하리라"(욥 27:6)고 말한다. 친구들의 비난에도 양심의 가책이나 죄에 대한 가책 등을 느낀 바가 없음을 강조한다. 자신에 대한 충성, 성실, 신실함이다. 우리는 스스로에게 성실을 인정받아야 한다.

진정한 충성은 남에 대한 신실함도 포함한다. 신실은 '확고하게 약속을 지키거나 의무를 준수하는 것'이다. 모든 관계에서 신실한 사람은 정직하고 책임감이 있다. 양심에서 신실해야 하고 일구이언을 말아야 한다. 약속이나 시간을 가볍게 여기는 유혹에서 벗어나야 한다.

아브라함의 종은 주인에게 충성했고 충실했던 사람이다. 그는 주인의 아들을 위한 신붓감을 구해오라는 미션을 받고 기도로 출발했다. 신붓감을 찾았을 때는 주인의 애타는 마음, 신부를 기대하는 마음을 생각하고 조금도 지체하지 않고 피곤한 노구를 이끌고 강행군으로 자기 책임을 완수했다. 성경에 그의 이름은 나오지 않지만, 그는 성실함의 대명사이다(창 24장).

다니엘이 총리가 되었을 때 대적들은 고발하려 했으나 "… 아무 근거, 아무 허물도 찾지 못하였으니 이는 그가 충성되어 아무 그릇됨도 없고 아무 허물도 없음이었더라"(단 6:4)라고 기록한다. 다니엘의 충성은 신실함이다. 신실함의 반대어는 부정, 부주의함이다. 부정은 정직하지 못하고 윤리적이지 못함이다. 부주의함은 '주의 깊은' '사려 깊은' '신중한'의 반대어이다. 다니엘은 부정을 저지르지 않았다. 정직하고 윤리적이며 원칙에 충실한 사람이다. 언행과 개인적 일에서의 절대적인 정직함은 신실한 사람의 특징이다.

요나단은 왕위를 내놓는 대가에서도 친구에게 충실했고 다윗은 끝까지 요나단의 아들을 책임졌다. 이것이 충성이자 충실이다. 이런 성령의 열매-충성은 전인격적인 그리스도인의 신표이다.

소나무는 충절의 대명사이다. 그런데 이런 소나무들도 종종 재선충병으로 죽어 간다. 재선충은 공생관계에 있는 솔수염하늘소의 몸에 기생하다 하늘소의 성충이 소나무 잎을 갉아 먹을 때 나무에 침입하는 소나무선충이다. 일단 감염되면 100퍼센트 말라 죽기에 '소나무 에이즈'라 한다. 재선충의 크기는 0.6밀리미터 정도이다. 실처럼 생긴 선충으로, 매개충인 솔수염하늘소에 의해서만 이동이 가능하다. 이동 거리는 짧게는 100미터 안팎인데, 태풍 등을 만나면 3킬로미터 정도까지 이동할 수 있다. 크기가 작고 투명해 육안으로는 발견하기 어렵다. 이런 선충으로 충성의 기상이던 수백 년 소나무들이 시뻘겋게 말라 죽는다.

그런데 어떤 소나무는 내충성이 있어 제아무리 재선충병에 걸린 나무가 바로 옆에 있어도 푸르른 기상을 유지한다. 내충성은 나무나 농작물 따위가 곤충이나 벌레의 해를 입지 않고 잘 견디는 성질을 말한다. 이것이 바로 성령의 열매, 충성이다. 충성은 '다른 복음'(갈 1:6)이라는 재선충, 막 살아도 된다는 율법폐지론자들의 재선충으로 수백 년 유럽 교회들이 병들어 죽어 갈 때 복음의 내충성으로 푸르고 푸른 믿음을 간직하도록 붙들어 주는 성령의 힘이요 열매이다.

개의 충성심이 필요하다

한국 교회가 짧은 기간 동안 세계 기독교 역사에 선교 기적을 이룰 수 있었던 것은 충성 신앙 덕분이다. 선교 초기 조상 제사 폡

박에도, 신사참배와 공산주의자들의 박해에도 순교로 충성심을 보였던 내충성 믿음, 내충성 헌신이 있었기에 오늘 이렇게 아름다운 한국 교회라는 성령의 열매를 맺고 있다.

지금은 충성도가 급격하게 떨어졌다. 충성에 올인하지 않는 세대이다. 기독교는 액세서리로 십자가를 달고 다니는 취미생활 내지는 종교 성향으로 왜소화하고 있다. 솔로몬은 "충성된 자를 누가 만날 수 있으랴"(잠 20:6) 탄식하면서 충성을 그리워한다. 충성이 없는 세대에 충성심을 보여야 한다. 하나님의 성품을 닮아 내기 위해 노력하는 우리는 신실함으로 하나님의 시상대에 서야 한다. 충성된 믿음을 다음 세대에 제대로 물려줄 때 갈렙처럼 하나님의 시상대에 설 수 있다. 이익과 상황에 따라 주인을 바꾸는 세상에서 영원한 하나님에게 충성하여 영원한 삶을 누릴 수 있어야 한다. 오스왈드 샌더스는 "온전히 주님을 좇았기 때문에 그의 충성심은 나뉜 일이 없다"고 갈렙을 칭찬한다.

갈렙이 하나님을 온전히 따르는 행위는 충성스러운 개의 행위와 같다. 갈렙이라는 이름에는 '개'라는 의미도 들어 있다. 개의 충성심은 널리 알려져 있다. 성악가의 사랑을 받던 개는 그 역시도 성악가의 노래를 사랑했다. 성악가가 갑자기 세상을 떠나 노래가 들려오지 않자 주인을 찾아 거리를 헤맸다. 레코드 가게 앞을 지나는데 주인 성악가의 아름다운 목소리가 흘러나왔다. 레코

드에서 흘러나오는 목소리였지만 개는 주인이 안에서 노래하는 줄 알았다. 나올 때를 기다리기를 하루, 이틀…. 주인은 끝내 나오지 않았다. 가게 주인이 쫓아냈지만, 성악가의 개는 꼼짝도 하지 않았다. 그러다가 그 자리에서 굶어 죽었다.

콜롬비아레코드사의 엠블럼은 바로 그 개의 모습이다. 주인의 노랫소리를 들으며 주인을 기다리다 죽어 간 개의 충성심은 바로 그런 것이다. 갈렙이 온전했다는 것은 충성스런 개의 모습, 오직 주님만을 바라보며 졸졸 따라갔고 사랑했던 그의 삶을 말해 준다.

사랑의교회 오정현 목사는 2021년 8월 29일 주일을 '온전한 성도 서임 주일예배'로 드렸다. 오 목사는 "온전한 성도가 되겠습니다"라는 설교를 통해 우리에게 닥친 어려움과 위기가 사실은 우리 속에 하나님의 신적 개입과 하나님의 때가 될 수 있는 담대함이 있어야 한다고 말했다. 또 성도의 온전함 시리즈를 통해 어떤 환경 가운데서도 오직 하나님의 영광이 드러나는 삶을 살아야 한다고, 목자의 심정을 가지고 성도들과 우리 이웃의 어려움과 애환을 돌아봐야 한다고 말했다. 아울러 복음의 능력으로 밝고 환한 기쁨을 가지고 거룩한 삶을 견지할 수 있는 믿음을 가지게 되었음을 감사했다. 우리에게는 하루하루가, 매 주일예배가 '온전한 성도 서임' 자리가 되어야 한다. 온전한 충성으로 온전한 삶을 살아 내겠다는 각오를 다져야 한다. 갈렙처럼.

20 장

좋은 죽음 이전에 좋은 삶이었음을

여호수아가 숨을 거두었다. 모세의 후계자로서 누구의 기대도 저버리지 않았다. 참모로서도, 회막을 지키는 영성에서도, 전쟁터에서도 으뜸인 용사였다. 죽을 때조차 "오직 나와 내 집은 여호와를 섬기겠노라"(수 24:15) 선포하고 멋진 모습으로 백성들 곁을 떠났다. 그는 지파 경내인 에브라임 산지 딤낫 세라에 장사되었다. 가나안 원주민에게 구입한 땅에 장사된 이전 족장들과 달리 여호수아는 자신이 정복한 가나안, 자기 기업에 장사되는 영광을 누렸다.

이제 갈렙 혼자 남았다. 출애굽했던 60만여 명의 남자 중에서 최후까지 살아남았다. 가나안에 들어오던 때 나이는 80세 정도, 가나안 정복 전쟁이 종료되고 기업 분배를 시작하자 85세 나이를 밝히며 "여전히 강건하니" 헤브론 산지를 기업으로 달라 호기를 부렸었다. 그때만 해도 젊었다. 여호수아가 110세에 죽었으니 갈렙도 비슷한 연배다. 오랜 벗이 떠나서일까. 갈렙도 외로움을 느꼈다. 자신은 늙지 않을 것 같았는데 이젠 나이로부터 불편함이 생겼다. 내 생각을 잘 따라 주던 몸이 100세를 넘기자 제대로 말을 듣지 않는다. 몸은 하인이 아니라 주인 노릇을 하려 한다.

파스칼 브뤼크네르(Pascal Bruckner)는 《아직 오지 않은 날들을 위하여》(인플루엔셜, 2021)에서 이런 상황에 대해 말한다.

> "젊을 때는 몸이 우리의 친구, 아니 하인에 더 가깝다. 우리가 따로 챙기지 않아도 알아서 회복되고 생각대로 착착 움직여 준다. 때로는 몸이 기대 이상의 여력과 역량으로 우리를 깜짝 놀라게 한다. 그럴 때는 우리가 천하무적인 것 같다. 30세부터는 사정이 달라지고 몸이 지속적인 관심을 요구한다. 하인은 까다로운 주인이 되어 우리를 허구한 날 닦달하고, 이게 호들갑인지 걱정인지 헷갈리게 만든다. 지금 경각심을 가져야 하는 건가, 아니면 내가 너무 겁을 먹은 건가?"

청년 시절 천하무적이던 몸이 노인이 되면서 자신을 돌봐 달라, 병원에 데려가 달라, 암에 걸린 것은 아닌가 어린아이처럼 칭얼대는 것은 굳이 겁을 먹어서는 아니라 생각한다. 노인의 나이는 어린아이로 돌아가는 시기이다. 나이를 이길 장사는 없다. 동창들, 친구들이 하나둘 세상을 떠났다는 부고를 받을 때마다 가슴 철렁하고 외로움과 두려움에 떨 것이 아니라, '다음에는 내 차례구나' 하는 마음으로 잘 늙어 가면서 잘 죽을 준비를 해야 한다. 소설가 김훈은 '어떻게 죽을 것인가'라는 명제 앞에서 '마지막엔 한없이 고운 가루… 어찌 죽음과 싸우겠는가'로 답한다.

망팔(望八)이 되니까,

오랫동안 소식이 없던 벗들한테서

소식이 오는데, 죽었다는 소식이다.

살아 있다는 소식은 오지 않으니까,

소식이 없으면 살아 있는 것이다

… 죽으면 말길이 끊어져서

죽은 자는 산자에게 죽음의 내용을 전할 수 없고,

죽은 자는 죽었기 때문에 죽음을 인지할 수 없다.

인간은 그저 죽을 뿐, 죽음을 경험할 수는 없다.

…

죽음은 쓰다듬어서 맞아들여야지,

싸워서 이겨야 할 대상이 아니다.

다 살았으므로 가야 하는 사람의 마지막 시간을

파이프를 꽂아서 붙잡아 놓고서

못 가게 하는 의술은 무의미하다.(하략)

일본 영화 '플랜 75'는 올해 칸영화제 수상작(특별언급상)이다. 75세가 되면 건강한 사람도 죽음을 선택할 수 있고 정부가 비용을 지원한다는, 설정이 섬뜩한 영화이다. 영화에서 정부는 노인들에게 죽음을 권장하고 '원하는 때에 죽을 수 있어 좋다'는 공익광

고도 한다. 언론과 여론은 제도화된 죽음으로 노인 부양 부담을 일거에 해소하려는 불온한 정책이라고 목소리를 높인다.

고령화 사회는 노인들이 오래 늙고 오래 아프면서 오래 서서히 죽어 간다. 그런 사실을 알면서도 멈출 방법이 없어 그냥 늙고 그냥 아프고 그냥 죽어 가니 일종의 '느린 자살'인 셈이다. 어떤 이들은 죽음의 포위망에서 빠져나가려 기를 쓴다.

그러나 늙음과 죽음은 싸워서 이겨야 할 대상이 아니라 인생의 한 과정이다. 늙음과 죽음을 차분히 받아들이고 은혜롭게 늙고 은혜롭게 죽어야 한다. 은혜롭게 늙는 것은 늙음에 대한 승리의 일종이다. 은혜롭게 늙지 못하는 것은 노년의 비극이 아니라 생애의 비극이다. 효율적으로 봉사할 수 있는 시기가 지났음에도 인정하려 들지 않으면 비극이다. 손은 굳고 음성은 활기를 잃고 두 발은 걸을 때마다 휘청거리고 온 신체가 슬슬 제 기능을 상실했는데 그 자리와 지위를 붙들고 있으면 타인에게는 골칫거리가 된다. 늙음을 직시하고 쇠하는 기능을 인정하여 권한의 축소를 감내하면 존경의 인물이 된다. 갈렙이 그런 사람이다.

갈렙은 싸움에나 출입에도 능한 85세였을 때, 헤브론 정복 과정에서 자리를 물려줄 후계자를 찾았다. 고대에는 혁혁한 무공을 세운 자에게 딸을 주어 그 공을 치하하는 관습이 있었다. 갈렙도 적국을 점령하는 자에게 딸을 주겠노라는 조건을 내걸었다(수

15:16). 갈렙의 조카 옷니엘이 용사들 중에서 당당히 나서 드빌을 취함으로 행운아가 되었다. 주석가 메튜 헨리는 옷니엘의 용감한 행동은 오래 전부터 갈렙의 딸, 악사를 사랑하고 있었기 때문이라고 해석한다(메튜 헨리 주석. 호크마주석).

이런 주석이 전혀 엉뚱한 것 같지는 않다. 악사는 아버지에게 샘물을 달라고 요청하는데(15:18), 그것만 봐도 그녀가 보통내기가 아니라는 것을 알 수 있다. 그건 오빠나 남동생의 몫이다. 갈렙은 이루와 엘라와 나암을 아들로 두고 있었다(대상 4:15). 이렇게 당찬 여인이 자신과의 결혼을 전리품으로 내거는 여성 경시에 쉽게 동조하지 않았을 텐데, 그럼에도 순종한 것은 아버지에 대한 신뢰가 있었던 것으로 보인다.

아버지는 평생 온전의 길을 걸어온 사람이다. 아버지가 그런 제안을 했을 때는 나름대로 사역을 계승할 후계자 계획이 있는 것이다. 아버지의 계획이 옷니엘은 아닐까 생각했을 것이다. 이유야 어떻든, 악사는 사촌을 사랑했던 것 같다. 더 나아가 아버지의 발표가 있자 악사는 옷니엘을 전쟁터로 떠밀었을 가능성도 있다. 그것이 지도자가 되는 지름길이요 결혼하는 데도 가장 순조롭기 때문이다.

악사는 출가 때에 아버지에게 밭을 구하자고 남편에게 요청한다(수 15:18). 사사기 원문(1:14)에는 '그 밭', 즉 특별히 지정된 어떤 밭이다. 따라서 그 밭은 그녀가 이미 받은 드빌 성읍이 아니라 마음에 작정하고 있던 어느 특정 밭임을 암시한다. 악사는 그니스 가문을 크게 일으켜 세울 밭, 특정 장소를 점찍었고, 그곳 환경이 건조한 산악지대이므로 샘물도 필요했다. 갈렙은 딸에 대한 애정으로 윗 샘과 아래 샘을 결혼 선물로 주었다(15:19). 높은 지대의 밭과 낮은 지대의 밭에 골고루 물을 제공할 수 있는 샘들이다. 옷니엘은 넓은 지역을 차지하고 이스라엘의 사사로 지위를 단단하게 구축할 수 있었다(삿 3:9). 그가 얼마나 성장했는지 갈렙의 기대와 명예에 어긋나지 않았다(삿 2:11).

갈렙의 죽음에 대한 기록은 없다. 어차피 그의 궁극적 목표는 아툴 가완디(Atul Gawande)가 말한 것처럼 '좋은 죽음'보다는 살아있는 동안에 '좋은 삶'이다. 그러기에 굳이 죽음에 대한 기록은 필요 없었는지 모른다. 그만큼 영생으로 들어가는 사람들에게는 화려한 죽음으로 덧씌울 필요가 없다. 화려한 조화로 꾸며봐야 며칠이나 가겠는가. 그래서 좋은 죽음보다 좋은 삶이 소중한 것이다.

좋은 죽음보다 좋은 삶

이어령은 《이어령의 마지막 수업》에서 죽음을 멋지게 그려 보인다.

"영화가 끝나고 디 앤드(the end) 마크가 찍힐 때마다 나는 생각했네. 나라면 저기 꽃봉오리를 놓을 텐데…. 그러면 끝이 난 줄 알았던 그 자리에 누군가 와서 언제든 다시 이야기가 시작될 수 있을 텐데…."

갈렙의 마지막 관에서도 '디 앤드'가 아니라 천국의 꽃봉오리를 보았으면 한다. 충성심이나 정체성을 희생하지 않고 생을 마감할 수 있었다면 죽음 자체도 '끝'이 아니라 온전함의 한 과정이다. 그러기에 갈렙만큼은 죽음의 기록보다는 온전한 그의 삶을 높이 띄워 주었으면 한다.

얼마 전 유럽 과학자들이 세대별로 느끼는 행복의 정도를 그래프로 나타낸 '인생 그래프'를 발표했다. 20대부터 80대에 이르는 연령층에게 현재 느끼고 있는 삶에 대한 만족감을 1부터 7까지 매기게 했다. 조사 결과는 놀라웠다. 행복의 정도가 40대가 되었을 때 가장 낮게 나타났고, 수치가 서서히 올라가다가 80대가 되었을 때 가장 큰 만족감을 느낀다는 결론이 나온 것이다(루이스 월퍼트, 《당신 참 좋아보이네요》 알키, 2011).

조사에 따르면 인간이 느끼는 행복의 절정은 80세가 되었을 때 비로소 찾아온다는 것을 알 수 있다. 하지만 이것은 우리의 현실과 상당히 거리감이 있는 것처럼 느껴진다. 이유가 무엇일까? 왜 나이가 들수록 행복할 것이라는 생각이 쉽게 들지 않는 것일까?

갈렙은 '성장하는 노인'이다. '성장'과 '노인'은 사실 어울리지 않는 단어다. 그런데 갈렙은 어떻게 성장하는 노인이 될 수 있었을까. 성장의 비결은 늙어 가는 자신의 몸이나 그러한 상황, 또는 그러한 사람들과 행렬을 맞추지 않았다. 언제나 하나님과 행렬을 맞추었다. 그러는 동안에는 계속 위로 자랐다. 백성들이 아래로 자라고 과거회귀형으로 뒷걸음쳤지만 갈렙은 앞으로 나갔고 위로 자랐다. 그는 위로 뻗어 나가는 조상이 되고 자손들은 유다의 왕들로 왕조를 이르며 계속 뻗어 나갔다. 그게 갈렙이 닦아 놓은 길이다.

갈렙은 죽었다. 아론은 123세(민 33:39), 모세는 120세(신 34:7), 여호수아는 110세(수 24:29)로 생을 마감했다. 갈렙의 임종 나이는 성경에 기록되지 않았다. 자손들도 그에 대해 기록을 남기지 않았다. 그는 죽음보다 삶이 더 아름다웠던 사람이다. 죽음 앞에서도 자연스럽게 무대에서 떠났다.

갈렙은 자신의 나이를 부인하지도 않았지만, 나이에 매이지도 않았다. 하나님의 일에는 나이와는 상관이 없다. 그 나이에 맞는 일을 해 나가면 되는 것이다. 일이 더 이상 없으면 하나님이 부르실 것이다. 죽을 나이가 되면 담담하게 죽으면 되는 것이다. 그것이 갈렙이 늙지 않고 익어간 비결이다. 우리도 그렇게 익어 가는 노년을 맞이한다면 얼마나 좋을까. 갈렙처럼.

에필로그

갈렙의 언어와 용기가 위로와 응원이 되기를

평범해 보이는 내 인생에도 세 번의 인생 위기가 있었다. 첫 위기는 둘째 아이가 세 살 무렵 일어났다. 40평 정도 되는 3층 상가에서 개척교회를 시작했다. 구석진 한쪽을 합판으로 막아 방 두 개를 내고 중간에 부엌을 만들어 생활했다. 1986년 아시안게임이 열리던 해였다. 나는 옆방에서 설교를 준비하고, 아내는 부엌에서 식사를 준비했다. 애국가 소리까지는 들었다. 아이들도 손뼉을 치며 환호하고 소리를 질렀다. 그런데 퍽! 하는 소리와 함께 모든 소리가 멈추었다. 정적, 그 자체였다.

직감적으로 알았다. '큰일이 났다…' 아내와 나는 동시에 움직였다. 방 안으로 들어갔더니 6단짜리 장롱 위에 놓였던 엄청난 무게의 구형 텔레비전이 떨어지면서 시청하던 아이의 머리를 쳤다.

아이의 얼굴은 형체를 알아볼 수 없을 만큼 참혹했다. 큰아이가 장롱 위에 올라갔다가 이리 되었다고 했다. 우리나라 선수가 금메달을 걸고 애국가를 부르니, 어린 마음에 흥겨워 덩달아 온몸을 흔들어 대다 장롱이 앞으로 무너지면서 텔레비전도 같이 떨어진 모양이었다. 텔레비전 아래에 있던 둘째는 기절 상태이고, 큰아이는 파랗게 겁에 질려 있었다. 그 아이를 둘러업고 동네 중형병원을 갔으나 손을 쓸 수 없다고 했다. 더 큰 병원으로 이송하던 앰뷸런스에서 나는 "하나님 제발 살려주세요, 제발…" 하고 기도하며 눈물 콧물을 쏟아내었다.

다행이었다. 아이는 머리에 금이 가고 구토를 했을 뿐 며칠을 입원하고 퇴원했다. 지금은 가정을 꾸리고 아이를 낳고 잘살고 있으니 감사할 일이다. 삼십 수년이 지난 지금도 그때를 생각하면 아찔한 느낌이 든다. 무슨 일이 벌어졌다면 평생을 삶의 늪지에서 살았을 것이다.

두 번째의 위기는 개척교회를 시작한 지 얼마 되지 않아 발생한 아내의 골수암과 이어진 난소암이다. 5년 동안 투병 생활을 함께하면서 수술과 항암이 계속되는 위기를 겪었다. 조마조마한 심정으로 살며 견디어야 했던 그때의 위기는 삶에 앙금으로 남아 세월이 지난 지금도 생각이 나면 아프다. 기욤 뮈소(Guillaume Musso)의 장편《내일》(밝은세상, 2013)에 나오는 문장이 내 이야기가 된다.

"과거의 기억이란 빗자루질 몇 번으로 금세 사라질 수 없었다. 기억은 언제까지나 우리의 마음속에 남아 있기 마련이었다. 과거의 기억은 어둠 속 깊이 웅크리고 있다가 경계심을 푸는 순간 이전보다 훨씬 강력한 힘으로 불쑥 솟아오르기도 한다."

세 번째는 예배당에 화재가 발생했다. 선풍기가 과열되어 1층에서 불이 났다. 예배당에서 시커먼 연기가 새어 나오자 주민이 신고했고 대여섯 대의 소방차가 달려왔다. 10분 정도 떨어진 사택에서 큰아이의 전화를 받고 달려가는데 온몸이 후들거려 운전할 수 없었다. 화재는 진압되어 예배당 전체에 크게 손상을 입힌 것은 아니지만 사방 벽들이 온통 새카맣게 그을렸고 타는 냄새가 몇 달이나 계속되면서 가슴을 떨게 했다.

누구나 얼음장 위를 걷는다

지금도 생각해 보면 이런 위기들을 내가 정말 겪었을까, 할 만큼 불현듯 두려운 마음이 든다. 이런 위기들을 처음부터 알고 시작했다면 하나님께 삶을 반납하겠다고 덤볐을 것이다. 내 앞에 이런저런 위기가 있다는 것을 몰랐기에 인생에 뛰어들었고, 삶의 대가로 여러 위기를 만났다. 예측불허의 위기들이다. 지금은 은퇴해서 캄보디아장로교신학교 총장으로 나가 있는 김재호 목사님이 선배 목사님에게 들었다면서 해 준 이야기가 있다.

“목회는 얼음장 위를 걷는 것처럼 조심조심해야 해!”

처음 그 말을 들었을 때 나는 좋은 교인들과 장로님들과 목회를 해 왔기에 가볍게 넘겨 버렸다. 세월이 흐르고 목회 햇수도 늘어나면서 목회는 얼음장이라는 현실을 순간순간 느끼게 되었다. 특히 코로나19로 갇혀 있던 지난 2년 동안은 우리 교회에서 확진자가 나오면 어쩌나, 날마다 염려의 연속이었다. 예배가 끝나고 나면 염려증은 증폭되었다. 주님은 근심하지 말라(요 14:1) 하셨지만 머리와 가슴은 따로 놀았다. 그렇게 조심스러운 심정으로 코로나 광야를 견디어 냈다.

인생이 그런 것이다. 우리는 너나할 것 없이 언제 깨질지 모르는 얼음장 위를 걷는 존재들이다. 아무리 잘 걸어왔다 해도 언제 어디에서 얼음장이 깨져 버리면 다치거나 얼음 속에 갇혀 죽을 수도 있다. 이런 위기의 지뢰들이 어떤 특정 지대만 아니라 인생 전반에 걸쳐 사방 곳곳에 보이지 않게 매설되어 있다.

내 인생에 찾아온 위기들은 제삼자의 처지에서는 어떻게 보일지 모르나 내게는 어느 하나도 적당한 위기가 아니었다. 특히 두 번째 위기는 목회를 그만두라는 사인(sign)으로 받아야 하나, 기로에 서게 하는 사건이었다. 이런 위기들을 넘기고 오늘 여기에 있어 보니 첫 번째 위기는 우리 명훈 집사를 볼 때마다 뿌듯함으로 남고, 두 번째 위기는 제대로 넘기지 못해서 미안함과 아픔으로 남고, 세 번째 위기는 도약의 기회가 되었다. 모든 위기가 기회가 될 수는 없다. 어떤 위기는 고통과 자책, 죄책의 상흔으로 남고 어떤 위기는 나를 성장시키고 어떤 위기는 나를 침몰시킨다.

스토아학파의 대표적인 철학자 에픽테토스는 "위기는 그 사람을 단단하게 만들어 주는 것이 아니라, 그 사람이 어떤 사람인지를 드러낸다"고 말한다. 인생에 수많은 돌다리를 건너다 보면 흔들리는 돌다리도 만난다. 그러기에 위기는 피한다고 피해지는 것이 아니다. 위기를 의도적으로 초래하는 사람은 없다. 살다 보니 위기를 만나게 되고, 그 위기에서 누구는 더 작아지고 누구는 더 커지는 것이다.

위기 속에서 온전을 살았던 갈렙처럼

갈렙이 그런 사람이다. 그는 일생 전체에 걸쳐 위기를 만났다. 아니, 위기와 함께 살았다. 청년시절 가데스 바네아에서 겪은 위기를 제대로 대처하지 못했다면 가나안 입성 자격에서 아웃되었을 것이다. 중년 시절에 겪은 후계자 임명에서의 탈락은 빛나던 삶 자체를 흔들어 버렸다. 장년의 삶에서는 2인자의 행로에서 앞서지도 너무 뒤서지도 못하는 절제된 삶을 살면서 아슬아슬한 곡예를 타야 했다. 85세의 노년은 부족의 구성원들에게 아직 쥐어준 것이 없는 미납 심정으로서의 위기였다. 그러나 그의 삶을 관통하는 단어가 있었으니 '온전함'이다. 그에게 온전한 삶은 하나님을 향한 이탈 없는 행진이요, 그분을 향한 주목이다. 그는 자신에게 목적을 두지 않고 오직 하나님만 바라보며 살았다. 그래서 흔들리지도 이탈하지도 않는 온전을 살았다. 하나님의 은혜이다.

모두 행복하세요

헨리 데이비 소로우(Henry D. Thoreau)는 "지상에서 보낸 날들의 수만큼 사는 것이 아니라 즐긴 날들만큼 사는 것이다"라고 말한다. 그의 말은 맞기도 하고 틀리기도 하다. 인생이 즐긴 날들만큼만 사는 것이라면 내게서 떠난 그들과 함께했던 고통의 시간들은 무엇이었을까. 그들과 보낸 날들이 고통스럽다 하여 살아도 살았던 것이 아니었다면 내 생애에 무엇이 남을 것인가. 삶은 사는 것만큼 사는 것이다. 그 안에 고통도 내가 산 것이고 즐긴 날들도 내가 살아온 날들이다. 모든 날은 하나님이 내게 주신 선물로 받아야 한다.

2022년 2월 25일, 비대면으로 진행한 서울대학교 76회 전기 학위수여식에서 교육학과 27세 강민영 씨가 졸업생 대표로 졸업 연설을 했다. 레버 선천성 흑암시증(LCA)이란 선천성 시각장애인으로, 지난 해 11월 5급 행정고시 교육행정 직렬에 수석으로 합격했다. 중증 시각장애인이 5급 행시에 합격한 것은 처음이다. 강씨는 '점자 정보 단말기'에 손을 올린 채, 하나하나 짚어 가며 차분하지만 또렷한 목소리로 "이 자리에 서기까지 배움의 과정은 늘 도전과 극복의 연속이었다"며 이렇게 말했다.

"졸업생 여러분! 졸업 이후 우리가 마주할 세상에는 수많은 난관이 기다리고 있을 것입니다. 누군가는 나이, 성별, 장애 등의 이유로 불가능하다고 말할지 모릅니다. 하지만 여러분이 꼭 해 보고 싶은 일이 있다면, 새로운 길에 대한 두려움은 내려놓고 과감하게 도전해 보았으면 합니다. … 마지막으로 늘 미안하다고 말씀하시는 부모님. 저는 괜찮습니다. 사랑합니다."

저는 괜찮습니다, 이 말이 내 가슴을 울렸다. 딸의 고통을 보며, 늘 자신의 탓으로 돌리며 살아왔을 부모에게 미안해하지 말라는 그 말에 더욱 미안해진다. 지독히 고통스러운 상황에 있으면서도 나는 괜찮다는 말은 듣는 이들에게 고통의 크기를 더욱 크게 보이게 한다. '사랑합니다'라는 말이 없었다면 '괜찮습니다'라고 하는 딸의 말은 부모에게 오히려 송곳이 되었을 것이다. 사랑이라는 말은 고통을 경감시켜 주는 단어라기보다는, 고통과 함께 잘 지내고 있다는 초인의 말이다.

작가 박범신은 김정호의 일대기를 다룬 장편 《고산자》(문학동네,

2009)에서 "… 이로써, 오랫동안 깨어 있을 때나 꿈에서나 나의 가장 깊은 중심에 눈물겹게 모셔져 있던 고산자 선생을 떠나보내고자 한다. 새로운 일들이, 인물들이 어느새 내 속에 똬리를 틀고 앉아 자신의 이야기를 쓰지 않는다고 벌써부터 나를 단근질하고 있기 때문이다"라고 후기를 남긴다.

그렇다. 나도 이제 갈렙을 떠나보내고자 한다. 갈렙과 함께했던 1년이 행복했다. 그에게서 배우고 힘을 얻었다. 그리고, 이제는 성경으로 돌려보내고 독자들에게 떠나보내기 위한 이별을 준비한다. 갈렙이 성경 속으로 다시 돌아가 더 많은 사람에게 영감을 주며 위기를 극복하는 힘이 되어 주면 참 좋겠다. 그래서 히샴 마타르(Hisham Matar)가 "언어는 생기를 불어넣고 용기를 북돋아 주었다"고 말했던 것처럼, 갈렙의 언어와 용기가 독자들에게 위로와 응원이 되기를 바란다.